GABRIELE SCHMITZ

Haftungsausschlußklauseln in allgemeinen Geschäftsbedingungen nach englischem und internationalem Privatrecht

Schriften zum Internationalen Recht

Band 8

Haftungsausschlußklauseln in allgemeinen Geschäftsbedingungen nach englischem und internationalem Privatrecht

Von

Dr. Gabriele Schmitz

DUNCKER & HUMBLOT / BERLIN

D 6

Gedruckt 1977 bei Buchdruckerei Bruno Luck, Berlin 65
Printed in Germany
ISBN 3 428 04008 2

Meinen Eltern
und meinem Mann

Inhaltsverzeichnis

Zweiter Teil

Haftungsausschlußklauseln in deutsch-englischen Verträgen

Abkürzungsverzeichnis

a. A.	= anderer Ansicht
A. C.	= Law Reports, Appeal Cases, House of Lords, seit 1890
AcP	= Archiv für civilistische Praxis
a. E.	= am Ende
aGB (AGB)	= allgemeine Geschäftsbedingungen
AGBG	= Gesetz zur Regelung des Rechts der Allgemeinen Geschäftsbedingungen
All E. R.	= All England Reports, seit 1936
Anm.	= Anmerkung
App. Cas.	= Law Reports, Appeal Cases, 1875 - 1890
Art.	= Artikel
AWD	= Außenwirtschaftsdienst des Betriebsberaters
B. & Ald.	= Law Reports, Barnewell & Alderson, 1817 - 1822
BB	= Der Betriebs-Berater
BGHZ	= Entscheidungen des Bundesgerichtshofs in Zivilsachen
Camb. L. J.	= Cambridge Law Journal
Ch.	= Law Reports, Chancery Division, seit 1891
Ch. D.	= Law Reports, Chancery Division, 1876 - 1890
C. P. D.	= Law Reports, Common Pleas Division, 1875 - 1880
Col. L. Rev.	= Columbia Law Review
DB	= Der Betrieb
EAG	= Einheitliches Gesetz über den Abschluß von internationalen Kaufverträgen über bewegliche Sachen
EKG	= Einheitliches Gesetz über den internationalen Kauf beweglicher Sachen
E. R.	= English Reports
Exch.	= Exchequer Reports, 1862 - 1865
H. L.	= House of Lords
I. C. L. Q.	= International and Comparative Law Quarterly
i. d. F.	= in der Fassung
J. B. L.	= Journal of Business Law
JurA	= Juristische Analysen
JuS	= Juristische Schulung
JZ	= Juristenzeitung
K. B.	= Law Reports, King's Bench, seit 1890
L. J.	= Lord Justice
L. Q. Rev.	= Law Quarterly Review
L. R. Ex.	= Law Reports, Exchequer, 1865 - 1875
MDR	= Monatsschrift für deutsches Recht
M. & W.	= Law Reports, Meeson & Welsby, 1836 - 1847
Mod. L. Rev.	= Modern Law Review
M. R.	= Master of the Rolls
New L. J.	= New Law Journal
NiemeyersZ	= Niemeyers Zeitschrift für internationales Recht
NJW	= Neue Juristische Wochenschrift
P.	= Law Reports, Probate Division, seit 1891
P. D.	= Law Reports, Probate Division, 1876 - 1890
Q. B.	= Law Reports, Queen's Bench, seit 1891
Q. B. D.	= Law Reports, Queen's Bench Division, 1875 - 1890
RabelsZ	= Zeitschrift für ausländisches und internationales Privatrecht, begründet von Ernst Rabel

RdA	=	Recht der Arbeit
Rdnr.	=	Randnummer
RGZ	=	Entscheidungen des Reichsgerichts in Zivilsachen
s.	=	section
S.	=	Seite
S. C.	=	Law Reports, Session Cases (Scotland), seit 1906
S. G. A.	=	Supply of Goods (Implied Terms) Act 1973
T. L. R.	=	Times Law Reports
W. L. R.	=	The Weekly Law Reports, seit 1953
WPM	=	Wertpapiermitteilungen
ZAkDR	=	Zeitschrift der Akademie für Deutsches Recht
ZauslR	=	Zeitschrift für ausländisches Recht
ZvglR	=	Zeitschrift für vergleichende Rechtswissenschaft

Einleitung

Vor einiger Zeit hatte das Landgericht Mainz folgenden Fall zu entscheiden[1]:

Eine englische Firma hatte bei einem deutschen Werk Packmaschinen bestellt. Nach Abschluß des Vertrages übersandte die deutsche Firma ihrem englischen Vertragspartner eine „Auftragsbestätigung", in der sie auf die Geltung ihrer allgemeinen Zahlungs- und Lieferungsbedingungen für den Vertrag hinwies. Diese Bedingungen sahen u. a. vor, daß deutsches Recht auf den Vertrag zur Anwendung komme und Gerichtsstand für alle Streitigkeiten aus dem Vertrag Mainz sei. Die englische Vertragspartei schwieg auf die „Auftragsbestätigung". Später kam es zu Streitigkeiten, die deutsche Firma klagte vor dem Landgericht Mainz.

Zentrales Problem des folgenden Rechtsstreits war die Frage, ob die allgemeinen Geschäftsbedingungen (aGB) wirksam vereinbart worden waren. Nach den im deutschen Recht geltenden Regeln zum Schweigen auf ein kaufmännisches Bestätigungsschreiben war das zu bejahen, nach englischem Recht, das keine vergleichbare Möglichkeit zur nachträglichen Einbeziehung von aGB in den Vertrag kennt, dagegen zu verneinen. Infolgedessen wurde die internationalprivatrechtliche Frage nach der anwendbaren Rechtsordnung relevant.

Die hier in einem Einzelfall aufgetretene — aus der unterschiedlichen materiellrechtlichen Regelung der aGB resultierende — Problematik im Bereich des internationalen Privatrechts hat bislang im Schrifttum keine ihrer Bedeutung entsprechende Beachtung gefunden. Zwar gibt es eine Fülle von Äußerungen, die sich mit dem Schweigen und seiner Wertung im internationalen Vertragsrecht befassen[2]. Der Bezug zu den aGB, insbesondere einzelnen lästigen Klauseln, wird aber meist nicht hinreichend deutlich. Darüber hinaus fehlt es ganz an der Erörterung, ob ausländische aGB an inländischen Maßstäben gemessen werden können. Angesichts der ständig wachsenden wirtschaftlichen Verflechtung der Staaten, insbesondere im Rahmen der EG, ist ein Durchdenken der hier auftretenden Probleme dringend erforderlich. Welcher Stellenwert diesen Fragen zukommt, läßt sich ermessen, wenn

---

[1] Urteil vom 10. 12. 1971, abgedruckt in AWD 1972, 298 mit Anm. Ebsen/Jayme.

[2] Vgl. Ferid, Abschluß von Auslandsverträgen, S. 24 ff.; v. Hoffmann, Annahme, S. 510 ff.; Jayme, Sprachrisiko, S. 512 ff.; Kegel, Lehrbuch, S. 243; Lorenz, Konsensprobleme, S. 193 ff.; Toubiana, S. 16; Wahl, S. 802; Wolff, S. 123.

man sich vor Augen hält, daß aGB in weiten Bereichen der Wirtschaft schätzungsweise zu 100 % herrschen[3].

Die vorliegende Arbeit versteht sich als Versuch, am Beispiel des deutsch-englischen Rechtsverkehrs die möglicherweise im Zusammenhang mit der Verwendung von aGB auftretenden Schwierigkeiten sowie einige Gesichtspunkte zu deren Lösung aufzuzeigen. Der Vergleich zum englischen Recht wurde gewählt, weil es einer anderen Rechtsfamilie angehört als das deutsche Recht: Die Zugehörigkeit zu verschiedenen Rechtsfamilien ließ besonders deutliche Unterschiede in der materiellrechtlichen Regelung der aGB mit entsprechenden Problemen im Bereich des internationalen Privatrechts erwarten. Durch die Wahl des Vergleichs zum englischen Recht ist die Beschränkung der Darstellung auf Haftungsausschlußklauseln als praktisch wichtigste Einzelbestimmungen in aGB bedingt, da die englische Rechtsprechung und ihr folgend das Schrifttum ihr Augenmerk fast ausschließlich auf diese Art von Klauseln gerichtet hat, was sich schon aus der Bezeichnung der aGB als „exemption clauses" („exclusion clauses", „exception clauses") ergibt.

---

[3] Zit. nach Rehbinder, Allgemeine Geschäftsbedingungen, S. 108.

Erster Teil

Haftungsausschlußklauseln im englischen Recht

A. Gang der Untersuchung

Bei der Darstellung des Rechts der Haftungsausschlußklauseln[1] wird von ihrer Qualifikation als Vertragsbedingungen ausgegangen. Im englischen Recht ist diese Einordnung von Haftungsausschlußklauseln nie umstritten gewesen[2]. In Deutschland dagegen wurden aGB früher teilweise als Normen des objektiven Rechts behandelt. So betrachtete sie beispielsweise das Reichsgericht als „fertig bereitliegende Rechtsordnung“[3]. Zum gegenwärtigen Zeitpunkt kann diese Qualifikation der aGB indes als überwunden betrachtet werden[4].

Aus der Einordnung der Haftungsausschlußklauseln in das Vertragsrecht ergibt sich, daß die im Zusammenhang mit ihnen auftretenden Rechtsfragen im Rahmen und mit den Mitteln des Vertragsrechts gelöst werden müssen. Für das bei Freizeichnungsklauseln im Mittelpunkt stehende Problem, wie der Kunde vor unbilligen Haftungsbefreiungen des Unternehmers geschützt werden kann, sind von den Gerichten auf dem Gebiet des materiellen Rechts im wesentlichen drei Kontrollmittel entwickelt worden[5]:

— Der Richter kann strenge Anforderungen an die Einbeziehung von Haftungsausschlußklauseln in den Vertrag stellen.

---

1 Der Begriff „Freizeichnungsklauseln“ wird im folgenden synonym gebraucht.

2 Dieses Verständnis wurde nur einmal von Lord Denning in der Entscheidung Bonsor v. Musicians‘ Union [1954] 1 All E. R. 822, 826 in Zweifel gezogen. Diese Ansicht hat aber keine Anhänger gefunden und wurde in einem späteren Urteil scharf kritisiert, vgl. Faramus v. Film Artistes‘ Association [1963] 2 Q. B. 527, 560 per Lord Diplock und [1964] A. C. 925, 943 per Lord Evershed.

3 RG DR 1941, 1210; so auch noch der BGH in BGHZ 1, 83; 2, 176.

4 Das ist inzwischen eindeutig festliegende Rechtsprechung des BGH, vgl. L. Raiser, Richterliche Kontrolle, S. 126; ausführlicher Nachweis der vertraglichen Natur von aGB bei Schmidt-Salzer, Geschäfts- und Versicherungsbedingungen, S. 49 ff.

5 Vgl. L. Raiser, Richterliche Kontrolle, S. 127 f.; Wilson, The British Position, S. 36 f.; Thieme/Mitscherlich, S. 175; Rehbinder, Allgemeine Geschäftsbedingungen, S. 111 f.; Kötz, S. 47.

— Er kann durch Auslegung zu dem Ergebnis kommen, der konkret eingetretene Schaden werde von den wirksam in den Vertrag einbezogenen Haftungsausschlußklauseln nicht gedeckt.

— Schließlich kann er kontrollierend in den Vertrag eingreifen und einer oder mehreren Klauseln die Wirksamkeit absprechen, obwohl sie gültig vereinbart worden sind und auch bei richtiger Auslegung den Schadensfall decken.

Unter diesen drei Gesichtspunkten: Einbeziehung, Auslegung und inhaltliche Kontrolle von Haftungsausschlußklauseln werden das englische und das deutsche Sachrecht im folgenden dargestellt und verglichen.

B. Die Einbeziehung von Haftungsausschlußklauseln in den Vertrag

I. Allgemeines

Da Haftungsausschlußklauseln im englischen Recht als Vertragsbedingungen qualifiziert werden, richtet sich ihre Einbeziehung in den Vertrag nach den allgemeinen Grundsätzen des Vertragsrechts. Diese sollen nicht umfassend dargestellt werden, vielmehr nur soweit sie einen unmittelbaren Bezug zu der hier behandelten Problematik aufweisen.

Im englischen Recht versteht man unter einem Vertrag — ebenso wie im deutschen Recht — eine rechtlich verbindliche Vereinbarung (agreement)[1]. Eine solche Vereinbarung setzt voraus, daß der eine Teil dem anderen ein Angebot unterbreitet, das alle Punkte enthält, über die eine Einigung erzielt werden soll, und daß der andere Teil dieses Angebot annimmt. Soll der Vertrag auf der Grundlage von Haftungsausschlußklauseln geschlossen werden, so muß das Angebot diese enthalten. Ob sie im Angebot enthalten sind, richtet sich nach objektiven Maßstäben. Entscheidend ist nicht der Wille des Anbietenden, sondern das, was der Annehmende vernünftigerweise als Inhalt des Angebotes ansehen mußte[2].

---

[1] Vgl. Treitel, Contract, S. 7; Atiyah, Contract, S. 4; Henrich, Privatrecht, S. 56.

[2] Vgl. allgemein zur common law Theorie des „agreement" Spencer, S. 105 ff.; Smith v. Hughes [1871] 6 Q. B. 597, 607; Cheshire/Fifoot/Furmston, S. 20; Atiyah, Contract, S. 4; vgl. ferner s. 55 (5) (c) Supply of Goods (Implied Terms) Act 1973. Thieme/Mitscherlich (S. 174) zufolge, ist die Bedeutung der Vorschrift nicht ganz klar: Aus s. 55 (6) ergebe sich, daß sie zur inhaltlichen Kontrolle von Freizeichnungsklauseln herangezogen werden solle. Der genannte Maßstab entspreche auf der anderen Seite aber in etwa dem im common law hinsichtlich der Einbeziehung von Freizeichnungsklauseln entwickelten Grundsatz der angemessenen Kundgabe (siehe hierzu Ausführungen unter 1. Teil B II). Liege die in s. 55 (5) (c) genannte Voraussetzung der angemessenen Kundgabe nicht vor, würden die Haftungsausschlußklauseln

Waren die Haftungsausschlußklauseln objektiv gesehen Inhalt des Angebotes, dann bedeutet die Annahme dieses Angebotes aus der Sicht des Unternehmers, daß der Kunde mit ihrer Geltung einverstanden ist. Haftungsausschlußklauseln sind also immer dann Vertragsbestandteil, wenn der Kunde wußte oder zumindest hätte wissen müssen, daß der Unternehmer sie seinem Angebot zugrundegelegt hat und er dieses Angebot annimmt.

Schwierigkeiten bereitet in diesem Zusammenhang vor allem die Frage, wann der Kunde hätten wissen müssen, daß der Unternehmer zu seinen aGB abschließen wollte. Mit Rücksicht auf diese Frage sind einige speziell für die Einbeziehung dieser Bedingungen geltende Grundsätze entwickelt worden[3].

II. Kundgabe (notice)

Zentraler Begriff im Bereich der Rechtsregeln zur Einbeziehung von Haftungsausschlußklauseln ist die „notice", die Kundgabe. Die englischen Gerichte gehen davon aus, daß der Kunde nur dann Kenntnis von der Existenz von Freizeichnungsklauseln haben könne, wenn er von seiten des Unternehmers hinlänglich darauf hingewiesen worden ist. Im einzelnen hängt die Annahme eines ausreichenden Hinweises von folgenden Voraussetzungen ab:

— Die Kundgabe muß in einem Vertragsdokument enthalten sein,

— der Kundgebende muß alles den Umständen nach Erforderliche getan haben, um seinem Vertragspartner die Klauseln zur Kenntnis zu bringen und

— die Kundgabe muß rechtzeitig erfolgt sein.

1. Vertragsdokument

Der Hinweis auf die Freizeichnungsklauseln muß sich auf einem Schriftstück befinden, das als Vertragsdokument (contractual document)

nicht in den Vertrag einbezogen, so daß sich ihre inhaltliche Kontrolle erübrige. Dagegen läßt sich sagen, daß sich der in s. 55 (4) vorgesehene Test nicht auf die Frage bezieht, ob eine Freizeichnungsklausel bei Vertragsschluß infolge unzureichender Kundgabe nicht inkorporiert worden ist, sondern darauf, ob es unfair oder unangemessen wäre, dem Aufsteller den Schutz der Klausel zukommen zu lassen. Bei dieser Prüfung braucht man sich aber nicht auf die Feststellung zu beschränken, ob die für die Einbeziehung notwendigen Minimalanforderungen erfüllt sind, sondern kann einen strengeren Maßstab anlegen. Vgl. Turpin, S. 207.

[3] Da das englische Recht prinzipiell keinen Unterschied zwischen gewöhnlichen Verträgen und solchen auf der Grundlage von Freizeichnungsklauseln kennt, gelten diese Regeln an sich für alle Vertragsbedingungen. Soweit ersichtlich, werden sie jedoch nur auf die Übernahme von Freizeichnungsklauseln in den Vertrag angewandt.

anzusehen ist[4,5]. Dieses Erfordernis soll dazu dienen, den Kunden vor Überraschungen zu schützen. Wird ihm ein Schriftstück überreicht, das er vernünftigerweise lediglich als Quittung, Empfangsbestätigung oder etwas ähnliches ansieht, so wird er nicht damit rechnen, daß dieses Schriftstück Vertragsbedingungen enthält, und es ungelesen in die Tasche stecken. In diesen Fällen wird sein Vertrauen darauf, daß das ihm überreichte Dokument keine Bedingung enthält, geschützt.

Zur Veranschaulichung mag folgender — von der King's Bench entschiedener — Fall dienen:

Der Kläger[6] wollte vom Beklagten einen Liegestuhl mieten, um sich an den Strand zu setzen. Er ließ sich einen Stuhl geben, zahlte 2 d. dafür und erhielt eine Karte. Anschließend stellte er den Liegestuhl am Strand auf, setzte sich darauf — und landete unsanft auf dem Boden: Der Liegestuhl war infolge mangelhafter Bespannung unter ihm zusammengebrochen. In der folgenden Gerichtsverhandlung, die der Kläger angestrengt hatte, um Ersatz für erlittene Schäden zu erlangen, berief sich die Beklagte auf eine Haftungsausschlußklausel, die auf der Rückseite der dem Kläger übergebenen Karte abgedruckt war: Die Klausel beinhaltete einen Ausschluß der Haftung für jeglichen Schaden, der aus der Miete eines Liegestuhls entstehen sollte. Der Kläger hatte von der Existenz einer solchen Klausel nichts geahnt, da er die Karte lediglich als Quittung für die von ihm gezahlten 2 d. angesehen und sie daher ungelesen weggesteckt hatte.

Das Gericht ging davon aus, daß ein verständiger Mensch bei einer solchen Karte nicht mit dem Vorhandensein von Bedingungen rechnen muß und sie daher normalerweise nicht daraufhin ansehen wird. Ein solches Schriftstück sei folglich kein Vertragsdokument, so daß die auf ihm abgedruckten Bedingungen nicht in den Vertrag inkorporiert würden[7].

Dem Schutzzweck entsprechend wird ein Schriftstück dann als Vertragsdokument angesehen, wenn der Kunde, dem es ausgehändigt wird, wußte, daß es diese Wirkung haben sollte oder wenn er dies den Umständen nach annehmen mußte[8]. Den Umständen nach annehmen muß er es, wenn Schriftstücke der fraglichen Art üblicherweise Bedingungen enthalten. Dies wiederum ist keine unverrückbar feststehen-

---

4 Vgl. Chitty/Guest, § 587; Treitel, Contract, S. 137; Cheshire/Fifoot/Furmston, S. 124; Anson/Guest, S. 147 f.

5 Hieran zeigt sich, daß diese Regeln an Hand der sog. ticket cases, d. h. von Fällen entwickelt wurden, in denen kein schriftlicher Vertrag geschlossen wird, sondern dem Kunden lediglich eine Karte (z. B. Eisenbahnfahrkarte) ausgehändigt wird, auf der die jeweiligen Bedingungen abgedruckt sind.

6 Chapleton v. Barry U. D. C. [1940] 1 K. B. 532.

7 Vgl. hierzu auch folgende Fälle: Henson v. London & North Eastern Railway Co. [1946] 1 All E. R. 653; Hood v. Anchor Line (Henderson Bros.), Ltd. [1918] A. C. 837; Thompson v. London, Midland & Scottish Railway [1930] 1 K. B. 41; Burnett v. Westminster Bank [1966] 1 Q. B. 742.

8 Chitty/Guest, § 587.

de Tatsache, sondern ist abhängig von der tatsächlich bestehenden Verkehrsübung. So wurde beispielsweise 1877 im Falle Parker v. South Eastern Railway Co.[9] entschieden, Gepäckaufbewahrungsscheine seien keine Vertragsdokumente, da sie normalerweise keine Bedingungen enthielten[10]. Heutzutage dagegen werden diese Scheine als Vertragsdokumente eingestuft, da (nach Ansicht der Gerichte) allgemein bekannt ist, daß sie im Normalfall Bedingungen enthalten[11].

2. *Angemessener Hinweis (reasonable notice)*

Weitere Voraussetzung für die wirksame Übernahme von Freizeichnungsklauseln in einen Vertrag ist, daß der Unternehmer alles getan hat, was vernünftigerweise von ihm erwartet werden kann, um dem anderen Teil die Klauseln zur Kenntnis zu bringen.

a) Unterzeichnete Vertragsurkunde

Hat der Kunde eine die Freizeichnungsklauseln enthaltende Vertragsurkunde unterschrieben, so ist er grundsätzlich daran gebunden[12]. Die Aufforderung des Unternehmers, die Urkunde zu unterschreiben, wird als ausreichender Hinweis darauf angesehen, daß das ausgehändigte Formular Vertragsbedingungen enthält. Daher gelten in diesem Fall die Freizeichnungsklauseln für den Vertrag unabhängig davon, ob der Kunde sie gelesen oder verstanden hat und selbst dann, wenn er der Sprache, in der sie abgefaßt sind, nicht mächtig ist[13].

Die Leitentscheidung hierfür bildet L'Estrange v. Graucob Ltd.[14]:

Die Klägerin, die ein Café besaß, kaufte von der Beklagten einen Zigarettenautomaten. In der von ihr unterschriebenen Vertragsurkunde zeichnete sich die Verkäuferin von jeder Haftung frei. Das Gericht erachtete die Klausel für wirksam, obwohl die Klägerin sich darauf berief, sie habe den Vertragstext weder gelesen noch sei er ihr sonstwie bekannt gewesen, zudem sei die Klausel infolge des kleinen Drucks nur schwer lesbar gewesen. Allein entscheidend war nach Ansicht des Gerichts, daß die Klägerin den Vertrag unterschrieben hatte.

---

9 (1877) 2 C. P. D. 416.

10 Ebd. per Baggally L. J., S. 42.

11 Alexander v. Railway Executive [1951] 2 K. B. 882, 886.

12 L'Estrange v. Graucob, Ltd. [1934] 2 K. B. 394; Anson/Guest, S. 143; Cheshire/Fifoot/Furmston, S. 128 f.; Sutton/Shannon, S. 105 f.; Schmitthoff, The Sale of Goods, S. 198; kritisch Spencer, S. 104 ff.; Egan, S. 207 f.; siehe auch Henrich, Unterschrift, S. 59 ff.

13 L'Estrange v. Graucob, Ltd. siehe Fußn. 12; The Luna [1920] P. 22; Treitel, Contract, S. 139; Sutton/Shannon, S. 106; Sales, S. 320.

14 Siehe Fußn. 12.

Von dieser Regel gibt es nur wenige von den Gerichten anerkannte Ausnahmen. Hierher gehört einmal der Fall, daß jemand die Rechtsnatur des von ihm unterzeichneten Schriftstücks verkennt (non est factum)[15]. Weitere Ausnahmen werden in den Fällen der arglistigen Täuschung (fraud)[16] und der unzutreffenden außervertraglichen Tatsachenzusicherung (misrepresentation)[17] gemacht.

Im Zusammenhang mit den Haftungsausschlußklauseln ist vor allem von Bedeutung, daß auch die unzutreffende Darstellung des Inhalts einer solchen Klausel als „misrepresentation" angesehen wird[18].

In Curtis v. Chemical Cleaning and Dyeing Co.[19] brachte die Klägerin ein Kleid zur Reinigung. Von einer Angestellten der Beklagten wurde sie gebeten, einen Zettel mit der Aufschrift „Quittung" zu unterschreiben. Auf die Frage der Klägerin, weshalb ihre Unterschrift vonnöten sei, erklärte die Angestellte, die Firma schließe ihre Haftung für bestimmte Schäden aus. Tatsächlich enthielt der Zettel jedoch eine Klausel, in der die Reinigung sich von jedweder Haftung freizeichnete.

Nach Ansicht des Gerichts konnte sich die Reinigungsfirma nicht auf diese Klausel berufen, da die Klägerin durch „misrepresentation" zur

---

15 Hasham v. Zenab [1960] A. C. 316, 335; Muskham Finance, Ltd. v. Howard [1963] 1 All E. R. 81, 83 f.; Carlisle and Cumberland Banking Co. v. Bragg [1911] 1 K. B. 489. 494 ff.

16 Zu den Voraussetzungen einer „arglistigen Täuschung" nach englischem Recht vgl. Lord Herschell in Derry v. Peek (1889) 14 App. Cas. 337, 374; Cheshire/Fifoot/Furmston, S. 252 f.; Treitel, Contract, S. 223 f.; Sutton/Shannon, S. 190 f.; siehe ferner allgemein zu den Auswirkungen von Irrtum und Täuschung auf aGB Sayn-Wittgenstein, S. 12 ff.

17 Unter dem Begriff „representations" sind nach englischem Recht tatsächliche Angaben oder Zusicherungen zu verstehen, die vor oder bei Abschluß eines Vertrags gemacht wurden, ohne Bestandteil des Vertrags zu werden. Ergibt sich später, daß diese Angaben bzw. Zusicherungen falsch waren, so werden sie als „misrepresentations" bezeichnet. Diese misrepresentations werden unterteilt in arglistig (fraudulent), fahrlässig (negligent) und unbewußt (innocent) falsche Angaben. In den ersten beiden Fällen kommt es entscheidend darauf an, ob die Irreführung zu einem mistake (Tatsachenirrtum von grundlegender Bedeutung) geführt hat, dann ist der Vertrag nichtig, andernfalls ist er lediglich anfechtbar. Der Getäuschte kann in beiden Fällen Schadensersatz verlangen. Liegt eine unbewußte Irreführung vor, so besteht für den Getäuschten nach s. 1 des Misrepresentation Act 1967 grundsätzlich ein Rücktrittsrecht. Allerdings sind die Gerichte nicht verpflichtet, dem Verlangen nach Aufhebung des Vertrags zu entsprechen. Nach s. 2 (2) des Misrepresentation Act 1967 kann das Gericht an Stelle der Aufhebung des Vertrags einen Ausgleich durch Leistung von Schadensersatz anordnen, wenn es dies als eine den beiderseitigen Interessen entsprechende Lösung erachtet. Vgl. hierzu Cheshire/Fifoot/Furmston, S. 242 ff.; Sutton/Shannon, S. 172 ff.; James, S. 274 ff.; v. Metzler, S. 254 f.; Zweigert/Kötz, S. 102 ff.; Henrich, Privatrecht, S. 66 f.

18 Curtis v. Chemical Cleaning and Dyeing Co. [1951] 1 K. B. 805; s. auch Jacques v. Lloyd D. George & Partners, Ltd. [1968] 1 W. L. R. 625; Mendelssohn v. Normand, Ltd. [1970] 1 Q. B. 177, 183 - 184, 186.

19 [1951] 1 K. B. 805.

Unterzeichnung der Urkunde veranlaßt worden war[20]. Aus diesem Grund sei die Klausel nicht Vertragsbestandteil geworden.

Auffallend an dieser Entscheidung der King's Bench ist, daß die misrepresentation hier nicht, wie üblich[21], zur Anfechtbarkeit des gesamten Vertrages führt, sondern lediglich zur Folge hat, daß die falsch dargestellte Klausel nicht Bestandteil des Vertrages wird. Dieses Urteil läßt sich nur so verstehen, daß im Falle einer Irreführung über den Inhalt einer Haftungsausschlußklausel davon ausgegangen wird, daß der von dem Klauselverwender gegebene Hinweis infolge der misrepresentation mißverständlich und damit für eine wirksame Einbeziehung unzureichend ist[22].

Wichtig ist ferner, daß nach s. 3 des Misrepresentation Act 1967 Freizeichnungsklauseln, die eine Haftung für misrepresentation ausschließen oder beschränken, nur insoweit gültig sind, als sie dem Gericht nach den Umständen des einzelnen Falles als „fair and reasonable" erscheinen[23].

Nicht geklärt ist bisher die Frage, ob der Grundsatz der Wirksamkeit von Freizeichnungsklauseln in einem unterzeichneten Schriftstück weiteren Ausnahmen auf Grund verschiedener Ausgestaltung der Vertragsurkunden unterliegt. So ist z. B. zweifelhaft, ob die Klauseln in dem unterschriebenen Dokument inhaltlich wiedergegeben sein müssen oder ob das Vorhandensein einer Verweisungsklausel ausreicht[24].

b) Sonstiges Vertragsdokument

Sind die Bedingungen nicht in einer unterschriebenen Urkunde enthalten, muß ermittelt werden, ob der Unternehmer alles getan hat, um den anderen Teil von der Geltung der Klauseln in Kenntnis zu setzen[25]. Die Beantwortung dieser Frage hängt maßgeblich von den Umständen des jeweiligen Einzelfalles ab[26]. Als ausreichend wird es angesehen, wenn ein Schriftstück überreicht wird, auf dem die Bedingungen auf

---

20 Vgl. hierzu ferner Treitel, Contract, S. 159; Chitty/Guest, § 757.

21 Zu den Rechtsfolgen der misrepresentation vgl. Fußn. 17.

22 Vgl. Curtis v. Chemical Cleaning and Dyeing Co. [1951] 1 K. B. 805, 810 per Lord Denning L. J.; Sayn-Wittgenstein, S. 19.

23 Vgl. Fairest, S. 246 ff.; Atiyah/Treitel, S. 383 ff.; Cheshire/Fifoot/Furmston, S. 124, 273; v. Metzler, S. 254 f.; siehe auch die Ausführungen zum Misrepresentation Act unter D III 1.

24 Zu diesen Fragen vgl. Thieme/Mitscherlich, S. 175.

25 Vgl. Wright, S. 492.

26 Vgl. Hood v. Anchor Line (Henderson Bros.), Ltd. [1918] A. C. 837, 844 per Viscount Haldane: "... a question of fact, in answering which the tribunal must look at all the circumstances and the situation of the parties."; Chitty/Guest, § 591; Cheshire/Fifoot/Furmston, S. 126; Anson/Guest, S. 146 f.; Sutton/Shannon, S. 107.

der Vorderseite abgedruckt sind[27], es sei denn, sie gehen in einer Vielzahl von Anzeigen unter[28] oder sind aus anderen Gründen nicht ohne weiteres ersichtlich[29]. Als ausreichend wird es grundsätzlich auch angesehen, wenn das überreichte Schriftstück auf der Vorderseite einen Hinweis (etwa „for conditions, see back") auf die rückseitig abgedruckten Bedingungen enthält[30]. Ist dieser Hinweis allerdings unleserlich oder aus anderen Gründen nicht zu erkennen, so wird eine hinlängliche Kundgabe von der Rechtsprechung verneint[31].

c) Anderweitiger Hinweis

Freizeichnungsklauseln werden aber nicht nur dadurch zum Bestandteil des Angebotes, daß der Unternehmer seinem Kunden ein Dokument überreicht, auf dem sie abgedruckt sind. Ihm stehen auch andere Möglichkeiten der rechtswirksamen Verweisung zur Verfügung. So kann er beispielsweise in einem Katalog auf sie hinweisen oder kann sie durch einen Anschlag in seinem Geschäftslokal bekanntgeben. Diese Art der Bekanntmachung allein reicht allerdings für die Einbeziehung der Klauseln in das Vertragsangebot nicht aus[32].

Die gegenteilige Meinung vertritt Kade für den Fall, daß der Anschlag nicht zu übersehen war[33]. In der Tat hat Lord Denning in der von Kade zitierten Entscheidung[34] diese Ansicht geäußert. Er änderte jedoch seine Meinung und vertrat in einer späteren Entscheidung[35] den Standpunkt, auf einem Aushang veröffentlichte Klauseln würden nicht automatisch Bestandteil aller von dem Unternehmer abgegebenen Angebote. Diese Ansicht teilt die übrige Rechtsprechung sowie die Lehre: Zusätzlich zur Bekanntgabe durch Aushang, in einem Katalog usw. wird ein spezieller Hinweis dem Kunden gegenüber gefordert[36].

---

27 Vgl. statt aller Chitty/Guest, § 591 m. w. Nachw.

28 Stephen v. International Sleeping Car Co., Ltd. (1903) 19 T. L. R. 621, zit. nach Sayn-Wittgenstein, S. 8.

29 Z. B. weil sie durch einen Stempel unleserlich geworden sind, Richardson, Spence & Co. v. Rowntree [1894] A. C. 217.

30 Henderson and Others v. Stevenson (1874 - 1880) All E. R. 436; Nunan v. Southern Railway Co. [1924] 1 K. B. 223; Penton v. Southern Railway [1931] 2 K. B. 103; Sugar v. London, Midland & Scottish Railway Co. [1941] 1 All E. R. 172.

31 Richardson, Spence & Co. v. Rowntree [1894] A. C. 217; Sugar v. L. M. & S. Ry. Co. [1941] 1 All E. R. 172.

32 Vgl. Harling v. Eddy [1951] 2 K. B. 739, 748.

33 S. 39, Fußn. 65.

34 Olley v. Marlborough Court Hotel, Ltd. [1949] 1 K. B. 532, 549.

35 Harling v. Eddy [1951] 2 K. B. 739, 748; so auch White v. Blackmore [1972] 2 Q. B. 651, 664 per Lord Denning M. R.

36 Watkins v. Rymill (1883) 10 Q. B. D. 178; McCutcheon v. David Macbrayne, Ltd. [1964] 1 W. L. R. 125, 127; Mendelssohn v. Normand, Ltd. [1970] 1 Q. B. 177; Anson/Guest, S. 147; Sutton/Shannon, S. 109; zweifelnd Chitty/Guest, § 593.

Wird ein solcher Hinweis gegeben, so ist das für die Einbeziehung der Klauseln ausreichend. Auf eine tatsächliche Kenntnis des Kunden kommt es dann nicht mehr an[37].

Als Beispiel sei hier die Entscheidung Thompson v. London, Midland & Scottish Railway Co.[38] erwähnt:

Die Klägerin erhielt eine Eisenbahnfahrkarte, die auf der Vorderseite den Hinweis „For conditions, see back" trug und auf der Rückseite den weiteren Hinweis auf ein Fahrplanheft (das die Klägerin hätte käuflich erwerben müssen, falls sie die Bedingungen hätte lesen wollen). Diese Verweisung sah das Gericht als ausreichende Kundgabe an[39].

Dabei ist zu beachten, daß der Test der notice objektiv ist, d. h. es wird nicht geprüft, ob der Kunde die Klauseln gelesen hat, sondern ob ein vernünftiger Mensch an seiner Stelle es getan hätte[40]. Folglich kommt es auch nicht darauf an, ob die Person, der das Papier mit den Klauseln überreicht wird, infolge persönlicher Mängel, wie z. B. Blindheit, nicht in der Lage ist, es zu lesen[41]. So wurde beispielsweise im Fall Thompson v. L. M. & S. Ry. Co.[42] die Einbeziehung der Freizeichnungsklauseln bejaht, obgleich die Klägerin Analphabetin war und daher gar nicht die Möglichkeit hatte, Kenntnis von den Klauseln zu nehmen. Nur, wenn auch ein vernünftiger Mensch (reasonable man) von der Existenz der Klauseln keine Kenntnis hätte erlangen können, liegt keine genügende Kundgabe vor.

Dieser Grundsatz läßt jedoch die Frage offen, ob ein für gewöhnliche Klauseln angemessen erscheinender Hinweis auch bei ungewöhnlichen

---

[37] Goodyear Tyre & Rubber Co. (Great Britain), Ltd. v. Lancashire Batteries, Ltd. [1958] 3 All E. R. 7.

[38] [1930] 1 K. B. 41.

[39] Thieme/Mitscherlich (S. 178) bezweifeln die Möglichkeit der Einbeziehung durch Verweisung unter Berufung auf den Schutzzweck der „notice". Sie sind der Ansicht, der bloße Hinweis auf die Existenz von Freizeichnungsklauseln als lediglich mittelbare Kundgabe (constructive notice) könne die unmittelbare Kundgabe (actual notice) auch ihres Inhalts nicht ersetzen. Sie stützen sich dabei hauptsächlich auf ein dictum von Lord Devlin in der Entscheidung McCutcheon v. David Macbrayne, Ltd. [1964] 1 W. L. R. 125. Aus dem Zusammenhang ergibt sich jedoch, daß Lord Devlin nicht der Ansicht ist, die Einbeziehung von Freizeichnungsklauseln setze allgemein eine tatsächliche Kenntnis ihres Inhalts voraus. Vielmehr bezog sich seine Feststellung lediglich auf Fälle, in denen der Kunde erst nach Abschluß des Vertrages auf die Freizeichnungsklauseln hingewiesen wird. Bei dieser Sachlage werden Freizeichnungsklauseln grundsätzlich nicht Vertragsbestandteil, es sei denn, der Kunde kannte sie inhaltlich von früheren mit dem Unternehmer getätigten Geschäften oder es bestand ein dahingehender Geschäftsgebrauch. Zur Einbeziehung kraft Geschäftsgebrauch siehe unter B II 3.

[40] Vgl. Chitty/Guest, § 592; Wilson, The British Position, S. 37; Zweigert/Kötz, S. 16.

[41] Wilson, The British Position, S. 37; Chitty/Guest, § 592; Sutton/Shannon, S. 108.

[42] [1930] 1 K. B. 41.

Klauseln ausreicht. Hierbei zeigt sich in Rechtsprechung und Schrifttum die Neigung, strengere Anforderungen an den Hinweis auf ungewöhnliche Klauseln zu stellen[43]. So erklärt Lord Denning in der Entscheidung J. Spurling v. Bradshaw[44]: "I agree that the more unreasonable a clause is, the greater the notice which must be given of it."

Zu beachten bleibt allerdings, daß dieser Grundsatz bisher noch nicht tragender Grund einer Entscheidung geworden ist. In Thornton v. Shoe Lane Parking, Ltd.[45] vertraten die Richter Megaw L.J. und Lord Denning M.R. zwar die Ansicht, für eine ungewöhnliche Klausel reiche ein allgemeiner Hinweis auf die Existenz von Bedingungen nicht aus; eine solche Klausel werde nur dann als in den Vertrag einbezogen erachtet, wenn der Unternehmer nachweisen könne, daß er „fair warning of an unusual condition" gegeben habe[46]. Zu dieser „fair warning of an unusual condition" führte Lord Denning weiter aus[47]: "... it would need to be printed in red ink with a red hand pointing to it or something equally startling." Das Gericht ließ jedoch die Frage offen, ob die Klausel infolge unzureichender Kundgabe oder aber wegen verspäteten Hinweises nicht zum Inhalt des Vertrages geworden war, so daß die angeführten Erwägungen auch hier nicht tragender Entscheidungsgrund waren.

3. Rechtzeitiger Hinweis

Einverständnis herrscht in Rechtsprechung und Literatur darüber, daß die Kundgabe vor oder spätestens bei Abschluß des Vertrages erfolgen muß. Die Leitentscheidung hierfür bildet Olley v. Malborough Court Hotel, Ltd.[48]:

Eine Dame schloß an der Rezeption eines Hotels einen Beherbergungsvertrag ab. Dabei war sie nicht auf die Geltung von Freizeichnungsklauseln hingewiesen worden. Von deren Existenz erfuhr sie erst durch einen Aushang in ihrem Hotelzimmer.

Das Gericht verneinte die wirksame Einbeziehung der Klauseln, da die Klägerin weder vor noch bei Vertragsschluß auf deren Geltung hingewiesen worden war[49].

---

43 Sutton/Shannon, S. 108; Chitty/Guest, § 593.

44 [1956] 2 All E. R. 121, 125.

45 [1971] 2 Q. B. 163.

46 Zu den Schwierigkeiten, die sich bei der Abgrenzung von gewöhnlichen und ungewöhnlichen Klauseln ergeben, siehe Brownsword, S. 183.

47 Dementsprechend ist gem. Art. 1341, 1342 ital. Codice civile eine gesonderte schriftliche Bestätigung für eine wirksame Vereinbarung gewisser lästiger Klauseln erforderlich.

48 [1949] 1 K. B. 532.

49 Vgl. auch Burnett v. Westminster Bank, Ltd. [1966] 1 Q. B. 742; Thornton v. Shoe Lane Parking, Ltd. [1971] 2 Q. B. 163.

Das Erfordernis der Kundgabe vor oder bei Vertragsschluß ist auch dann gewahrt, wenn der Kunde bei Abschluß eines früheren Vertrages einmal angemessen auf die Haftungsausschlußklauseln hingewiesen worden ist und die Verwendung der Klauseln im übrigen zwischen den Parteien Geschäftsgebrauch (course of dealing) geworden ist. In diesen Fällen werden die Klauseln zum Vertragsinhalt unabhängig davon, ob jeweils erneut vor Vertragsschluß ein Hinweis darauf gegeben worden ist[50].

Die Grundsätze zum course of dealing sind bislang allerdings noch nicht sehr verfestigt[51]. Insbesondere hat die englische Rechtsprechung noch keine festen Maßstäbe dazu herausgebildet, welche Anforderungen an die Dauer der Geschäftsbeziehungen sowie die Anzahl der vorangegangenen Geschäfte zu stellen sind. Festzustehen scheint bisher nur, daß ein course of dealing der Form nach gleichartige Geschäfte (z. B. nur schriftliche Verträge) voraussetzt[52].

4. Handelsbrauch

Ohne ausdrückliche Erklärung und ohne sonstigen Hinweis können Haftungsausschlußklauseln dann in einen Vertrag einbezogen werden, wenn dies einem Handelsbrauch (custom, usage) entspricht[53]. Voraussetzung dafür ist, daß der Handelsbrauch „certain, reasonable and notorious" ist und nicht den ausdrücklich im Vertrag getroffenen Regelungen oder einer gesetzlichen Vorschrift widerspricht[54]. Bisher ist allerdings kein Fall bekannt geworden, in dem Haftungsausschlußklauseln als Inhalt eines Handelsbrauchs angesehen wurden. Immer-

---

[50] J. Spurling v. Bradshaw [1956] 2 All E. R. 121; Hardwick Game Farm v. S. A. P. A. [1969] 2 A. C. 31; Hollier v. Rambler Motors (A. M. C.), Ltd. [1972] 2 Q. B. 71; vgl. ferner British Crane Hire Corporation, Ltd. v. Ipswich Plant Hire, Ltd. [1974] 2 W. L. R. 856: letztlich beruhte hier die Einbeziehung wohl nicht auf der Anwendung der Grundsätze des course of dealing. Cheshire/Fifoot/Furmston, S. 127; Chitty/Guest, § 589 und § 704; Treitel, Contract, S. 140 ff.; Sutton/Shannon, S. 109 f.

[51] Vgl. Thieme/Mitscherlich, S. 179.

[52] Mc Cutcheon v. David Maybrayne [1964] 1 W. L. R. 125; Stephenson, S. 764 f.; Hoggett, S. 520; Wright, S. 492. Sayn-Wittgenstein (S. 7/8) vertritt die Ansicht, aGB könnten nur dann kraft Geschäftsgebrauchs Inhalt des Angebots sein, wenn sie dem Kunden inhaltlich bekannt seien. Er entnimmt diese Ansicht der Entscheidung Mc Cutcheon v. David Macbrayne (siehe o.). Die dort geäußerte Ansicht muß aber nach der Entscheidung des House of Lords im Fall Hardwick Game Farm v. S. A. P. P. A. [1969] 2 A. C. 31 als überholt angesehen werden.

[53] Hutton v. Warren (1836) 150 E. R. 517; Tucker v. Linger (1883) 8 App. Cas. 508; Produce Brokers Co., Ltd. v. Olympia Oil and Cake Co., Ltd. [1916] 1 A. C. 314; Anson/Guest, S. 130; Cheshire/Fifoot/Furmston, S. 141 ff.; Chitty/Guest, § 702; Treitel, Contract, S. 134; Sutton/Shannon, S. 98 f.

[54] Tucker v. Linger (1883) 8 App. Cas. 508; Anson/Guest, S. 130; Cheshire/Fifoot/Furmston, S. 142 f.

hin sind einige Handelsbräuche in gesetzliche Regelungen aufgenommen worden und werden daher kraft Gesetzes zum Inhalt der einzelnen Verträge[55].

III. Die Einbeziehung von Haftungsausschlußklauseln nach Vertragsschluß

Wie bereits oben (unter B II 3) erwähnt, sind Haftungsausschlußklauseln nur dann im Angebot enthalten, wenn der Unternehmer vor oder bei Vertragsschluß auf sie hinweist. Ein Hinweis nach Vertragsschluß bleibt rechtlich bedeutungslos, da eine nachträgliche einseitige Abänderung vertraglicher Pflichten unzulässig ist. Es besteht jedoch die Möglichkeit, durch gegenseitige Einigung eine Vertragsänderung (variation) herbeizuführen. Dabei werden an eine gültige Vertragsänderung dieselben Anforderungen wie an den Vertragsschluß gestellt[56]. Neben den Regeln über Angebot und Annahme sind daher auch die dem englischen Recht eigentümlichen Normen über die consideration zu beachten. Nach diesen Normen ist ein Vertrag nur dann wirksam, wenn der Versprechensempfänger eine Gegenleistung erbringt oder zumindest verspricht. Wird eine Vereinbarung ausschließlich zugunsten einer Partei getroffen oder käme eine solche Vereinbarung zwar möglicherweise beiden Parteien zugute, ist aber tatsächlich nur zum Nutzen einer Partei abgeschlossen worden, so kommt mangels einer consideration kein gültiger Vertrag zustande[57]. Für die nachträgliche Einbeziehung von Haftungsausschlußklauseln bedeutet das, daß sie nur wirksam wäre, wenn durch die Klauseln auch dem Kunden weitere Rechte eingeräumt würden. Die Freizeichnungsklauseln dienen dem Unternehmer aber gerade dazu, die ihn treffenden Risiken auf den Kunden abzuwälzen. Durch derartige Klauseln wird die Rechtsposition des Kunden also stets verschlechtert. Die Inkorporation von Haftungsausschlußklauseln im Wege der Vertragsänderung scheitert daher notwendigerweise am Fehlen einer consideration[58].

Demgegenüber ist Sayn-Wittgenstein der Ansicht, die fehlende consideration stehe der nachträglichen Übernahme von Haftungsausschlußklauseln in den Vertrag nicht grundsätzlich entgegen[59]. Zu diesem Ergebnis gelangt er infolge der Annahme, die Vertragsänderung sei stets

---

55 Cheshire/Fifoot/Furmston, S. 144 m. w. Nachw.; Anson/Guest, S. 131 ff.

56 Hoggett, S. 521; Chitty/Guest, §§ 1236 ff.

57 Vanbergen v. St. Edmund's Properties, Ltd. [1933] 2 K. B. 223; Treitel, Contract, S. 73; Chitty/Guest, § 1238.

58 Daß diese Folgen der consideration-Doktrin mit den Erfordernissen des modernen Waren- und Dienstleistungsverkehrs nicht harmonieren, zeigt sich u. a. auch daran, daß der Uniform Commercial Code in section 2 - 209 bestimmt: "... an agreement modifying a contract ... needs no consideration to be binding." Diese Bestimmung gilt nur für Kaufverträge, siehe hierzu Zweigert/Kötz, S. 74.

als Auflösung des alten verbunden mit dem Abschluß eines neuen Vertrages anzusehen. Wäre diese Annahme zutreffend, so würde die nachträgliche Einbeziehung von Freizeichnungsklauseln in der Tat nicht am Fehlen einer consideration scheitern: Der Verzicht auf die Rechte aus dem ursprünglichen Vertrag bzw. das Versprechen der Gegenleistung in dem neuen Vertrag würde in jedem Fall als consideration ausreichen[60].

Die Annahme Sayn-Wittgensteins ist jedoch unzutreffend. Im englischen Recht werden zwei Arten von Vertragsänderung unterschieden, die „simple variation" und die „rescission"[61]. Zwischen beiden Formen der Vertragsänderung besteht ein gradmäßiger Unterschied. Ob lediglich eine einfache Änderung oder eine Aufhebung des alten Vertrages beabsichtigt war, hängt vom Willen der Parteien ab, der aus der neuen Vereinbarung sowie den sonstigen Umständen des einzelnen Falls erschlossen wird[62]. Eine Aufhebung wird nur dann angenommen, wenn der neue Vertrag in ganz wesentlichen Punkten von dem ursprünglichen abweicht[63].

An das Vorliegen einer Vertragsaufhebung werden also sehr strenge Anforderungen gestellt. Diesen wird im Normalfall bei einer Vereinbarung über die Einbeziehung von Haftungsausschlußklauseln nicht genügt[64]. Daher ist in der überwiegenden Zahl der Fälle die Inkorporation solcher Klauseln als (unwirksame) „simple variation" anzusehen. Nur, wenn sich der Vertrag durch die Vereinbarung von Haftungsausschlußklauseln grundlegend ändert, kann eine rescission angenommen werden und nur in diesem Fall ist die für eine wirksame Vertragsänderung erforderliche consideration vorhanden.

C. Die Auslegung von Haftungsausschlußklauseln

Sind die Voraussetzungen für eine Einbeziehung der Haftungsausschlußklauseln in den Vertrag erfüllt, so ist auf einer zweiten Ebene der Kontrolle festzustellen, wieweit sich ihr Geltungsbereich erstreckt. Diese Feststellung wird mit Hilfe der Auslegung getroffen.

---

[59] S. 10, Fußn. 39; ähnlich Linke AWD 1974, 405, 409 f., der sich allerdings auf keine Lösung festlegt.

[60] Vgl. Sutton/Shannon, S. 388; Treitel, Contract, S. 72 f.

[61] Vgl. statt aller Treitel, Contract, S. 70 ff.

[62] Vgl. Chitty/Guest, § 1232.

[63] British & Beningstons, Ltd. v. N. W. Cachar Tea Co. and Others [1923] A. C. 48, 62 per Atkinson L. J.: "Rescission will be presumed when the parties enter into a new agreement which is entirely inconsistent with the old, or, if not entirely inconsistent with it, inconsistent with it to an extent that goes to the very root of it." Chitty/Guest, § 1232.

[64] Vgl. Hoggett, S. 521.

Da Haftungsausschlußklauseln im englischen Recht als gewöhnliche Vertragsbedingungen qualifiziert werden[1], unterliegen sie auch bezüglich der Auslegung den allgemeinen für Vertragsbedingungen entwikkelten Regeln[2]. Dennoch kann man von ihrer Kontrolle im Wege der Auslegung sprechen; denn die englischen Gerichte beachten auch bei ihrer Auslegung die ihnen obliegende Aufgabe, den Kunden vor unbilligen Haftungsausschlüssen zu schützen, und ziehen daher vornehmlich solche Regeln heran, die den Geltungsbereich der Klauseln so weit als möglich einschränken und damit zugleich die Rechte des Kunden weitgehend erhalten[3].

I. Vorrang von Individualvereinbarungen vor Haftungsausschlußklauseln

Der Gesichtspunkt des Kundenschutzes spielt bereits bei der Festlegung des Auslegungsgegenstandes eine Rolle. Hier ist nämlich die Frage zu entscheiden, ob Gegenstand der Auslegung allein der Wortlaut der Haftungsausschlußklauseln ist oder ob von den Parteien vor oder bei Vertragsschluß getroffene Individualvereinbarungen zu berücksichtigen sind. Da in den Individualabreden für den Kunden günstige Abweichungen von den Haftungsausschlußklauseln vereinbart werden, führt ihre Berücksichtigung zu einer Besserstellung des Kunden.

Einem Vorrang der Individualvereinbarungen vor den Freizeichnungsklauseln scheint der im englischen Recht bestehende Grundsatz entgegenzustehen, daß ein schriftlich festgelegter Vertragstext durch mündliche Abreden weder ergänzt noch geändert werden kann (sog. parol oder extrinsic evidence rule)[4]. Denn Verträge auf der Grundlage von Freizeichnungsklauseln werden großenteils schriftlich abgeschlossen, und selbst wenn sie mündlich abgeschlossen werden, sind doch die Freizeichnungsklauseln schriftlich fixiert.

Die parol evidence rule wird indessen in der Praxis mit weitgehenden Einschränkungen angewandt. So wird der Beweis zugelassen, daß in Wahrheit gar kein wirksamer Vertrag zustande gekommen ist, da eine oder beide Parteien bei seinem Abschluß einem Irrtum unterlegen waren[5]. Ferner steht es den Parteien offen, die Existenz eines

---

[1] Siehe unter A.

[2] Vgl. Lüderitz, S. 235.

[3] Vgl. Chitty/Guest, § 721; Anson/Guest, S. 149.

[4] Jacobs v. Batavia and General Plantations Trust, Ltd. [1924] 1 Ch. 287, 295 per Lawrence J.: "It is firmly established as a rule of law that parol evidence cannot be admitted to add to, vary or contradict a deed or other written instrument." Cheshire/Fifoot/Furmston, S. 107; Chitty/Guest, § 645; Sutton/Shannon, S. 134; Lüderitz, S. 111 ff.; Zweigert/Kötz, S. 92 f.

[5] Chitty/Guest, § 648; Treitel, Contract, S. 122.

Handelsbrauchs nachzuweisen, dessen Inhalt dann ergänzend zu den übrigen Vertragsbestimmungen hinzutritt[6]. Schließlich — und diese Ausnahme ist von besonderer Wichtigkeit für Freizeichnungsklauseln — gilt die parol evidence rule auch nicht für Fälle, in denen nach dem Willen der Parteien die Vertragsurkunde den Text der Abmachung nur zum Teil wiedergeben soll, der Vertrag also teils mündlich teils schriftlich abgeschlossen worden ist. Hier besteht die Möglichkeit nachzuweisen, daß weitere mündliche Absprachen bestehen[7]. Zwar wird teilweise die Anerkennung zusätzlicher mündlicher Abreden von ihrer Vereinbarkeit mit den schriftlichen Bestimmungen abhängig gemacht (sog. no conflict rule)[8]. Gleichwohl haben die Gerichte in einer Anzahl von Fällen mündliche Abreden für wirksam erachtet, obschon sie offensichtlich in Widerspruch zu den schriftlichen Abmachungen standen[9]. Ein Vorrang der mündlichen Vereinbarungen wurde vor allem dort anerkannt, wo sich ein Gegensatz zu den an sich in den Vertrag einbezogenen Freizeichnungsklauseln ergab, und zwar selbst dann, wenn in diesen die Abänderung einzelner Klauseln von einer bestimmten Form abhängig gemacht oder gänzlich ausgeschlossen worden war[10]. Solche vorrangigen mündlichen Abreden werden als „overriding oral warranty" bezeichnet[11].

Ein Beispiel für diese Rechtsprechung bietet der Fall Couchman v. Hill[12]:

Der Kläger kaufte auf einer Auktion eine Kuh des Beklagten, die laut Katalog ungedeckt war. Dem Kauf lagen aGB zugrunde, die u. a. eine Haftung für alle Fehler, Mängel und falschen Angaben in der Beschreibung der zu versteigernden Gegenstände ausschlossen. Bevor der Kläger die Kuh ersteigerte, erkundigte er sich bei dem Beklagten sowie dem Auktionator, ob diese tatsächlich ungedeckt sei, was die Gefragten bejahten. Später stellte sich heraus, daß die Kuh entgegen der Zusicherung trächtig war. Sie starb kurze Zeit nach dem Kauf, da sie noch zu jung war, um ein Kalb zu tragen. Der Kläger verlangte Ersatz des ihm entstandenen Schadens.

Das Gericht gab seiner Klage mit der Begründung statt, die mündliche Zusicherung sei vorrangig gegenüber der Freizeichnungsklausel, so daß sich der Beklagte nicht mit Erfolg darauf berufen könne.

---

[6] Vgl. Cheshire/Fifoot/Furmston, S. 108; Chitty/Guest, § 670.

[7] Vgl. Chitty/Guest, §§ 659 f.; Cheshire/Fifoot/Furmston, S. 108; Treitel, Contract, S. 122, 159 f.; Sutton/Shannon, S. 135 f.

[8] Vgl. Chitty/Guest, § 660; Sutton/Shannon, S. 136.

[9] City and Westminster Properties (1934), Ltd. v. Mudd [1959] Ch. 129; siehe hierzu auch Sutton/Shannon, S. 136.

[10] Couchman v. Hill [1947] K. B. 554; Webster v. Higgin [1948] 2 All E. R. 127; Harling v. Eddy [1951] 2 K. B. 739; Mendelssohn v. Normand, Ltd. [1970] 1 Q. B. 177; Atiyah, Contract, S. 117; Gower, S. 155; Chitty/Guest, § 759; Anson/Guest, S. 173.

[11] Vgl. Anson/Guest, S. 172.

[12] [1947] K. B. 554.

Bei mündlich geschlossenen Verträgen bestehen in dieser Hinsicht keine Schwierigkeiten: Speziellen mündlichen Abreden wird Vorrang gegenüber an sich einbezogenen Freizeichnungsklauseln gewährt[13].

Aber auch bei schriftlichen Verträgen entstehen dann keine Schwierigkeiten, wenn die den Freizeichnungsklauseln widersprechenden Vereinbarungen in den Vertragstext aufgenommen worden sind. Der schriftlichen Individualabrede wird Priorität vor gedruckten Bedingungen eingeräumt[14].

II. Einzelne Auslegungsregeln

1. Vertragsbezogene Auslegung

Den Individualvereinbarungen kommt neben ihrer soeben beschriebenen geltungsbeschränkenden auch eine inhaltsbestimmende Wirkung zu. Da Haftungsausschlußklauseln Vertragsbedingungen sind, gilt für sie wie für sonstige Vertragsbestimmungen grundsätzlich die Auslegungsregel: „Verba ita sunt intelligenda, ut res magis valeat quam pereat[15]."

Dieser Grundsatz beruht auf dem zu vermutenden Willen der Parteien, dem Vertrag mit allen Einzelbestimmungen Wirksamkeit zu verleihen. Einen solchen Willen kann man den Parteien bei einem Vertrag auf der Grundlage von allgemeinen Geschäftsbedingungen jedoch nicht ohne weiteres unterstellen, da diese Bedingungen mit den in ihnen enthaltenen Freizeichnungsklauseln für eine Vielzahl von Geschäften aufgestellt worden sind und folglich nicht wie individuell ausgehandelte Bestimmungen lediglich die Gestaltung des konkreten Vertrages im Auge haben können. Aus diesem Grund sind Haftungsausschlußklauseln auf ihre Vereinbarkeit mit den individuell getroffenen Abreden hin zu überprüfen. Ergibt sich ein direkter oder indirekter Widerspruch zwischen den Klauseln und den Einzelabreden, so sind letztere vorrangig[16]. Läßt sich für eine Klausel, die in ihrer generellen Fassung mit den Individualabreden nicht vereinbar wäre, eine Auslegung finden, die den Sinn der betreffenden Klausel so einschränkt, daß sie mit den einzelvertraglichen Bestimmungen in Einklang steht, so kann die Klausel mit diesem Inhalt Rechtswirksamkeit beanspruchen[17].

Weiterhin wird bereits bei der Auslegung einzelner Begriffe und Bestimmungen der Sinnzusammenhang des gesamten Vertrages sowie

---

[13] Vgl. Thieme/Mitscherlich, S. 176.

[14] Vgl. Grunfeld, S. 66, Fußn. 18; Thieme/Mitscherlich, S. 176, Fußn. 26.

[15] Vgl. Wülfing, S. 88; Sayn-Wittgenstein, S. 22.

[16] Vgl. oben unter C.

[17] Vgl. Hardwick Game Farm v. S. A. P. A. [1966] 1 All E. R. 309, 348 per Diplock L. J.

der von den Parteien mit seinem Abschluß verfolgte Zweck berücksichtigt[18]. Die Gerichte sind bestrebt, den Vertrag so zu *konstruieren*, daß er eine den Intentionen der Parteien entsprechende Regelung darstellt. Dabei halten sie sich nicht streng an den Wortlaut, sondern fügen ihm einige Worte oder Bestimmungen an, ändern sie ab oder verwerfen sie, wie es ihnen im Hinblick auf die gesamte Regelung richtig erscheint[19]. Voraussetzung für diese Umgestaltung des Vertrages ist allerdings, daß die Absicht der Parteien trotz unklarer Worte eindeutig feststeht[20].

Von der Möglichkeit, einzelne Vertragsbestimmungen einschränkend auszulegen oder gänzlich zu verwerfen, haben die Gerichte häufig Gebrauch gemacht, wenn sie damit eine Haftungsausschlußklausel zu Fall bringen konnten. Sie stellten den Grundsatz auf, daß Klauseln, die dem Hauptzweck des Vertrages zuwiderlaufen, unberücksichtigt bleiben, die sog. main purpose rule[21].

Ein instruktives Beispiel für diese Rechtsprechung bildet die Entscheidung Glynn v. Margetson & Co.[22]:

Ein in Malaga liegendes Schiff sollte Orangen nach Liverpool transportieren. Der mit dem Schiffseigentümer geschlossene Vertrag enthielt eine Klausel, nach der es ihm gestattet war, während der Fahrt jeden beliebigen Hafen im Mittelmeer, der Levante, des Schwarzen Meeres und der atlantischen Küste anzulaufen. Das Schiff verließ Malaga und fuhr zunächst die spanische Ostküste hinauf nach Valencia, von dort zurück über Malaga nach Liverpool. Infolge der Verzögerung durch den Umweg waren die Orangen teilweise verfault, als das Schiff in Liverpool eintraf. Der Versender der Orangen verklagte daher den Schiffseigentümer auf Schadensersatz.

Das Gericht entschied, die oben genannte Klausel stehe zu dem Hauptzweck des Vertrages — als solchen sah es die schnellstmögliche Beförderung der verderblichen Ware an — in Widerspruch und sei folglich unbeachtlich. Der Umweg über Valencia wurde daher als ersatzpflichtige Vertragsverletzung eingestuft.

Der entscheidende Satz in diesem Urteil lautete: "Looking at the whole of the instrument, and seeing what one must regard as its main purpose, one must reject words, indeed whole provisions, if they are inconsistent with what one assumes to be the main purpose of the

---

18 Vgl. Chitty/Guest, § 620; Guest, S. 109.

19 Gwyn v. Neath Canal Co. (1865) L. R. 3 Ex. 209, 215 per Kelly C. B.: "The result of all the authorities is, that when a court of law can clearly collect from the language within the four corners of a deed, or instrument in writing, the real intention of the parties, they are bound to give effect to it by supplying anything necessary to be inferred from the terms used, and by rejecting as superfluous whatever is repugnant to the intention so discerned."

20 Vgl. Chitty/Guest, § 628.

21 Vgl. Glynn v. Margetson & Co. [1893] A. C. 351; Anson/Guest, S. 157 f.

22 [1893] A. C. 351.

contract[23]." Diese Formulierung läßt deutlich erkennen, daß die Gerichte bei Anwendung der main purpose Regel zumindest teilweise die Grenzen der Vertragsauslegung überschreiten. Sie verweigern ganzen Passagen eines Vertrages die Wirksamkeit, wenn sie nach ihrer Meinung nicht mit dem Hauptzweck in Einklang stehen. Eine solche richterliche Korrektur des Vertragsinhalts kann man aber nicht mehr als Auslegung bezeichnen, auch wenn die Gerichte selbst den Parteien immer versichern, allen von ihnen getroffenen Anordnungen werde Effektivität zuerkannt, soweit sie sie nur mit hinreichender Klarheit zum Ausdruck gebracht hätten[24].

2. *Restriktive Auslegung*

Die Gerichte schränken den Geltungsbereich von Freizeichnungsklauseln durch restriktive Interpretation ein[25]. Sie gehen davon aus, daß sich eine Person einer ihr rechtlich obliegenden Verpflichtung nur durch Vereinbarung einer Klausel entziehen kann, deren Tragweite sich eindeutig auf den Ausschluß dieser Pflicht erstreckt[26]. Ist eine solche Klausel unklar formuliert und ist daher eine enge und eine weitere Bedeutung denkbar, so ist stets die engere Bedeutung maßgeblich. Wer sich beispielsweise von der Haftung für warranties freizeichnet, haftet dennoch für die Verletzung von conditions[27, 28]. Der Ausschluß der Haftung für stillschweigende Vertragsabreden läßt die Haftung für ausdrücklich getroffene Vereinbarungen unberührt[29]. Will sich eine Vertragspartei für den Fall freizeichnen, daß durch unvorhergesehene Umstände die Erfüllung des Vertrages unmöglich wird, so reicht allein ein Ansteigen des Preises oder der Kosten für die Anwendbarkeit der Klausel nicht aus[30]; der Unternehmer kann sich nur dann mit Erfolg auf sie berufen, wenn seine Leistung physisch oder rechtlich unmöglich geworden ist[31].

---

23 Ebd., S. 357 per Lord Halsbury L. C.

24 Vgl. Silberberg, S. 200.

25 Vgl. James, S. 265; Sutton/Shannon, S. 110.

26 Vgl. Chitty/Guest, §§ 725, 726.

27 Wallis, Son & Wells v. Pratt & Haynes [1911] A. C. 394; Baldry v. Marshall [1925] 1 K. B. 260.

28 Zur Unterscheidung von warranties und conditions siehe statt aller Cheshire/Fifoot/Furmston, S. 118 ff. Als „warranties" werden vertragliche Nebenabreden bezeichnet, deren Nichterfüllung eine Schadensersatzpflicht nach sich zieht. Unter „conditions" versteht man wesentliche Vertragsbestimmungen, die sich auf die Hauptpflichten beziehen. Ihre Verletzung begründet ein Rücktrittsrecht für die geschädigte Partei.

29 Andews Bros., Ltd. v. Singer & Co., Ltd. [1934] 1 K. B. 17.

30 Re Comptoir Commercial Anversois & Power, Son & Co. [1920] 1 K. B. 868.

31 Vgl. hierzu auch die Entscheidung Tennants (Lancashire), Ltd. v. C. S. Wilson & Co., Ltd. [1917] 1 K. B. 208; [1917] A. C. 495: In dieser Entscheidung ging es um eine Klausel, in der die Haftung für den Fall ausgeschlossen

Schließlich sei noch als ein etwas extremes Beispiel dieser Rechtsprechung der Fall Beck & Co., Ltd. v. Szymanowski & Co., Ltd.[32] erwähnt:

Der Kläger kaufte vom Beklagten 200 yards Ballen Kattun. Der Kaufvertrag enthielt eine Klausel, wonach der Verkäufer nur für solche Mängel einzustehen brauchte, die der Käufer innerhalb einer Frist von 14 Tagen nach Lieferung gerügt hatte. Der Stoff wurde geliefert; eine Rüge des Käufers erfolgte zunächst nicht. Erst nach 18 Monaten zeigte der Kläger dem Beklagten an, daß die Ballen jeweils nur 188 yards Kattun enthalten hatten.

Das Gericht vertrat die Ansicht, der Haftungsauschluß nach Versäumung der 14-tägigen Frist gelte nur für gelieferte Waren. Da hier der Käufer aber eine geringere als die vertraglich vereinbarte Menge erhalten habe, seine Rüge sich daher auf nicht gelieferte Ware bezöge, könne sich der Verkäufer der Schadensersatzforderung gegenüber nicht auf die Klausel berufen.

3. *Die „contra proferentem rule“*

Läßt sich mit Hilfe der beschriebenen Auslegungsmittel keine eindeutige Klarheit über den Sinn einer Klausel gewinnen, so kommt die contra proferentem Regel zur Anwendung. Die Worte sind der lateinischen Regel: verba chartarum fortius accipiuntur contra proferentem — die Worte eines Schriftstücks sind ihrem Aufsteller gegenüber strenger auszulegen — entnommen[33]. Sie bedeutet, daß, wenn bei vernünftiger Auslegung einer Klausel wenigstens zwei Möglichkeiten für die Bestimmung der ihr beizumessenden Tragweite bestehen, die für den Aufsteller ungünstigere rechtlich maßgebend ist[34]. Voraussetzung für die Anwendung dieser Regel ist also, daß nach Ausschöpfung aller sonstigen zur Verfügung stehenden Auslegungsregeln keine Klarheit über die Reichweite einer Klausel gewonnen werden kann[35].

Diese Regel ist im Bereich der Auslegung von Haftungsausschlußklauseln besonders nützlich, da immer der Unternehmer, der sein Risiko vermittels dieser Klauseln auf den Kunden abzuwälzen versucht, es ist,

---

wurde, daß die Leistung infolge bestimmter Umstände verhindert oder behindert würde (prevented or hindered). Das House of Lords (anders der Court of Appeal) war der Meinung, das Wort „hindern“ habe einen umfassenderen Sinn als das Wort „verhindern“. Daher sei die Klausel auch schon dann anwendbar, wenn unverhältnismäßig hohe Aufwendungen nötig seien, um die Leistung zu erbringen. Siehe ferner Trade and Transport Inc. v. Iino Kaiun Kaisha, Ltd. [1973] 1 W. L. R. 210, 225 - 227 („unavoidable hindrances“).

32 [1924] A. C. 43.

33 Vgl. Anson/Guest, S. 150.

34 Vgl. Sutton/Shannon, S. 110.

35 Vgl. Chitty/Guest, § 727; Anson/Guest, S. 150; Cheshire/Fifoot/Furmston, S. 113.

der sie aufstellt. Die contra proferentem Regel ist also ein willkommenes Mittel, Freizeichnungsklauseln zuungunsten des Aufstellers und zugunsten des Kunden auszulegen[36].

In Lee (John) and Son (Grantham), Ltd. v. Railway Executive[37] vermietete die Beklagte dem Kläger ein der Eisenbahngesellschaft gehörendes Lagerhaus. Im Mietvertrag schloß die Beklagte ihre Haftung für jeglichen Verlust oder Schaden aus, der durch Handlungen oder Nachlässigkeiten der Gesellschaft oder ihrer Angestellten verursacht werde und der ohne die Eingehung des Mietverhältnisses nicht entstanden wäre. Die in dem Lagerhaus befindlichen Waren des Klägers wurden durch ein Feuer beschädigt, das infolge Funkenflugs von vorbeifahrenden Zügen verursacht worden war. Die beklagte Eisenbahngesellschaft berief sich gegenüber der Forderung nach Schadensersatz auf die Freizeichnungsklausel.

Das Gericht legte die Klausel so aus, daß sie sich nur auf unmittelbar aus dem Mietverhältnis erwachsende Schäden bezog. Zwar sei auch eine weitergehende Auslegung denkbar, aber zufolge der contra proferentem Regel sehe es sich gezwungen, die der Beklagten ungünstigere Auslegung zu wählen.

In ihrer Freude über die Existenz einer solchen, eine weitgehende Einschränkung des Wirkungsbereichs von Freizeichnungsklauseln ermöglichenden Regel sind die englischen Gerichte aber teilweise weiter gegangen, als der Inhalt der Regel es gestattet. In einigen Fällen kann man sich des Eindrucks nicht erwehren, daß sie Unklarheiten in eine Klausel hineininterpretieren, die bei vernünftiger Auslegung gar nicht unklar ist, um so eine für den Kunden günstige Auslegung zu rechtfertigen. Bei einer solchen Vorgehensweise handelt es sich nicht mehr um eine Auslegung, sondern um eine verdeckte inhaltliche Kontrolle[38].

Als Beispiel hierfür sei der Fall Houghton v. Trafalgar Insurance Co., Ltd.[39] erwähnt:

Der Kläger hatte mit der Beklagten einen Versicherungsvertrag für sein Auto abgeschlossen. Die Versicherungspolice enthielt eine Klausel, in der die Gesellschaft ihre Haftung für den Fall ausschloß, daß das Fahrzeug beim Unfall über die zulässige Höchstgrenze hinaus belastet war. Der Kläger ver-

---

36 Vgl. Anson/Guest, S. 150.

37 [1949] 2 All E. R. 581.

38 Vgl. allgemein zur verdeckten Inhaltskontrolle durch die Gerichte: v. Hippel, Kontrolle der Vertragsfreiheit, S. 53 ff. Nach Meinung von Kade, S. 43, Fußn. 77, trifft dieser Vorwurf weniger die englische als vielmehr die amerikanische Rechtsprechung; siehe hierzu Auer, S. 68 ff.; v. Hippel, Die Kontrolle der Vertragsfreiheit, S. 144 f. Entgegen der Ansicht von Kade muß sich die englische Rechtsprechung diesen Vorwurf jedoch in gleichem Umfang gefallen lassen, siehe Lord Denning M. R. in Gillespie Brothers & Co., Ltd. v. Roy Bowles Transport, Ltd. [1973] 3 W. L. R. 1003, 1013; vgl. ferner Gower, S. 157; Sayn-Wittgenstein, S. 26, 27.

39 [1954] 1 Q. B. 247; siehe auch Akerib v. Booth [1961] 1 All E. R. 380; Adams v. Richardson & Startling, Ltd. [1969] 1 W. L. R. 1645.

ursachte mit seinem Wagen einen Unfall. Zu diesem Zeitpunkt befanden sich in dem für fünf Personen zugelassenen Fahrzeug sechs Personen. Die Versicherungsgesellschaft lehnte die Erstattung des entstandenen Schadens im Hinblick auf die Freizeichnungsklausel ab.

Das Gericht entschied, die Gesellschaft könne sich nicht auf diese Klausel berufen. Aus deren Wortlaut ließe sich nicht zweifelsfrei entnehmen, ob nur die Überlastung mit Gepäck gemeint sei oder auch die Überschreitung der zulässigen Personenzahl. Diese Unklarheit müsse zu Lasten der Versicherungsgesellschaft gehen.

4. Ausschluß der Haftung für negligence

Der häufigste Anwendungsfall der contra proferentem Regel ist die Freizeichnung von der Haftung für negligence. Dem Begriff der „negligence" kommt im englischen Recht eine zweifache Bedeutung zu. Einmal wird darunter eine Schuldform, ähnlich der in § 276 I 2 BGB geregelten Fahrlässigkeit verstanden[40]. Zum anderen stellt die negligence ein eigenständiges Delikt dar, das durch Verletzung der allgemeinen Sorgfaltspflicht (duty to take care) gegenüber demjenigen begangen wird, dessen Schädigung der Handelnde vernünftigerweise als mögliche Folge seines Tuns erkennen mußte[41].

Dem tort of negligence kommt neben der Vertragsverletzung selbständige Bedeutung als Haftungsgrundlage zu. Wird einer Partei im Rahmen eines Vertragsverhältnisses fahrlässig ein Schaden zugefügt, so kann sie ihr Ersatzverlangen sowohl auf Vertragsverletzung als auch auf das Delikt der negligence stützen[42]. Allerdings bestehen diese beiden Haftungsgrundlagen nicht völlig unabhängig voneinander: Wird die vertragliche Verschuldenshaftung abbedungen, so gilt diese Befreiung auch für die deliktische Haftung. Andernfalls könnte der Verletzte den Ausschluß der vertraglichen Haftung durch Berufung auf das tort of negligence umgehen[43].

Davon zu trennen ist die Frage, unter welchen Bedingungen die rechtswirksame Befreiung von der Haftung für negligence angenom-

---

40 Salmond/Heuston, S. 266; Fleming, S. 24.

41 Der entscheidende Schritt für die Entwicklung der „negligence" von einem nebensächlichen Bestandteil in einigen unerlaubten Handlungen zu einer selbständigen unerlaubten Handlung wurde im Jahre 1932 in der berühmten Entscheidung Donoghue v. Stevenson [1932] A. C. 562 getan. Vgl. Schmitthoff, Systemdenken, S. 5; siehe ferner Grant v. Australian Knitting Mills [1936] A. C. 85; Lee Cooper, Ltd. v. C. H. Jeakins and Sons, Ltd. [1967] 2 K. B. 1; Clerk & Lindsell, §§ 853 ff.

42 Lister v. Romford Ice and Cold Storage Co., Ltd. [1957] 1 All E. R. 125, 131 per Viscount Simmonds.

43 Elder, Dempster & Co., Ltd. v. Paterson, Zochonis & Co., Ltd. [1924] A. C. 522, 548, 564; Hall v. Brooklands Auto Racing Club [1933] 1 K. B. 205, 213; Coote, S. 34 ff.

men wird. Unstreitig ist das der Fall, wenn die fragliche Klausel inhaltlich eindeutig darauf abzielt[44].

Ist eine Klausel so weit gefaßt, daß der Ausschluß der Haftung für negligence darunter fallen kann, ohne daß sie sich ganz eindeutig auch auf diesen Fall bezieht, so sind die in der Entscheidung Alderslade v. Hendon Laundry[45] entwickelten Grundsätze zu beachten[46]. Danach gelten verschiedene Auslegungsregeln, je nachdem, ob die sich freizeichnende Partei nur für negligence oder daneben noch aus einem anderen Grund haftet.

a) Ausschluß bei konkurrierenden Haftungsmaßstäben

Unterliegt die sich freizeichnende Partei verschiedenen Haftungsmaßstäben — aus einem bestimmten Rechtsverhältnis kann sich z. B. eine Haftung für strict liability im Vertrag und für negligence beim Delikt ergeben — wird die Ausschlußklausel entsprechend der contra proferentem rule ausgelegt mit dem Ergebnis, daß die Haftung für negligence bestehen bleibt[47]. Die Mehrdeutigkeit der Klausel, die Voraussetzung für die Anwendung der Regel ist, wird daraus entnommen, daß nicht zweifelsfrei festgestellt werden könne, auf welchen der unterschiedlichen Haftungsmaßstäbe Bezug genommen werde. Da es unwahrscheinlich ist, daß eine Partei beabsichtigt, die Gegenseite auch aus der Verantwortung für Schäden zu entlassen, die durch deren Fahrlässigkeit verursacht werden, bezweckt die Freizeichnungsklausel im Zweifel nur den Ausschluß der Haftung für Schäden, die aus einem anderen Grunde entstanden sind[48].

---

[44] Hier wird folgendermaßen differenziert: Hat der Aufsteller seine Haftung für jeglichen Schaden oder für jeden wie auch immer verursachten Schaden ausgeschlossen? Da im ersten Fall nur auf die Art des Schadens und nicht auf seine Ursache Bezug genommen wird, soll diese Formulierung nicht klar genug zum Ausdruck bringen, daß jeglicher Verlust ohne Rücksicht auf den Entstehungsgrund gemeint ist, und daher auch nicht eindeutig den Ausschluß der Haftung für negligence beinhalten. Dagegen werde im zweiten Fall durch die Bezugnahme auf die Schadensursache auch die Haftung für negligence miteinbezogen. Joseph Travers & Sons, Ltd. v. Cooper [1915] 1 K. B. 73, 101 per Phillimore L. J.; vgl. ferner Gibaud v. Great Eastern Railway Co. [1921] 2 K. B. 426, 437; Ashby v. Tolhurst [1937] 2 K. B. 242; Akerib v. Booth [1960] 1 W. L. R. 454; Carter (John) (Fine Worsteds), Ltd. v. Hanson Haulage (Leeds), Ltd. [1965] 2 Q. B. 495; gegen die gekünstelt wirkende Unterscheidung Lord Denning M. R. in Gillespie Brothers & Co., Ltd. v. Roy Bowles Transport, Ltd. [1972] 3 W. L. R. 1003, 1013.

[45] [1945] K. B. 189.

[46] Vgl. Anson/Guest, S. 151; Chitty/Guest, § 729.

[47] Olley v. Marlborough Court Hotel, Ltd. [1949] 1 K. B. 532; Canada Steamship Lines, Ltd. v. The King [1952] A. C. 192; White v. John Warwick, Ltd. [1953] 1 W. L. R. 1285.

[48] Gillespie Brothers & Co., Ltd. v. Roy Bowles Transport, Ltd. [1972] 3 W. L. R. 1003.

b) Ausschluß bei alleiniger Haftung für negligence

Haftet der Aufsteller dagegen nur für negligence, so wird die Klausel so ausgelegt, daß sie sich auf die negligence erstreckt[49], da sie andernfalls gegenstandslos wäre[50]. Diese Regel beruht auf der Annahme, daß über den Geltungsbereich der Freizeichnungsklausel in einem solchen Fall keine Unklarheiten bestehen könnten, da der Aufsteller ohnehin lediglich für Verschulden hafte und folglich nur der Ausschluß dieser Haftung als Gegenstand der Klausel in Betracht komme[51].

Von Kritikern[52] dieser Rechtsprechung ist eingewandt worden, diese Annahme sei unzutreffend. Eine solche Klausel ließe sich auch als Hinweis darauf verstehen, daß der Unternehmer für schuldlos verursachte Schäden nicht einzustehen brauche[53]. Dieser Auslegung der Klausel als Hinweis auf die bestehende Rechtslage gegenüber könne sich der Aufsteller nicht darauf berufen, seine Absicht sei es gewesen, sich in einer darüber hinausgehenden Weise freizuzeichnen. Selbst wenn der Wortlaut eine dahingehende Interpretation zuließe, müßte bei Zweifeln hierüber die contra proferentem Regel zur Anwendung kommen und der Geltungsbereich der Klausel auf den engeren Bereich beschränkt bleiben. Die Tatsache, daß die Klausel infolgedessen gegenstandslos werde, berechtige nicht zu einer extensiven Auslegung. Es sei keine ungewöhnliche Erscheinung, daß ein Vertrag überflüssige Bedingungen enthielte, daher ließe sich allein aus diesem Umstand nicht zweifelsfrei entnehmen, daß ihr irgendein Sinn zukommen müsse.

In der Rechtsprechung scheint sich neuerdings die Tendenz abzuzeichnen, diesem Gesichtspunkt Rechnung zu tragen. So legte Stamp L.J. in der Entscheidung Hollier v. Rambler Motors (A.M.C.), Ltd.[54] dar, daß eine Klausel, die so formuliert sei, daß sie sowohl als reiner Hinweis auf die Haftungsverhältnisse wie als Befreiung von der Haftung für negligence ausgelegt werden könne, lediglich als bloßer Hinweis aufzufassen sei.

Die beiden weiteren Richter in dieser Entscheidung, Salmond L.J. und Latey J., stimmten im Ergebnis zu und traten ebenfalls für eine Re-

---

[49] Soweit das der Wortlaut bei weitester Auslegung irgend zuläßt, siehe Charlesworth/Percy, § 1108.

[50] Rutter v. Palmer [1922] 2 K. B. 87, 92; Alderslade v. Hendon Laundry [1945] K. B. 189; Canada Steamship Lines, Ltd. v. The King [1952] A. C. 192; The Ballyalton [1961] 1 W. L. R. 929.

[51] Vgl. Atiyah, Contract, S. 120.

[52] Vgl. Sales, S. 322 ff.; Kade, S. 47 f.

[53] So auch Lord Denning in Olley v. Marlborough Court Hotel, Ltd. [1949] 1 K. B. 532, 550.

[54] [1972] 2 Q. B. 71 m. abl. Anm. von Barendt, Mod. L. Rev. 35 (1972), S. 644 ff.

vision der von Lord Greene M.R. in Alderslade v. Hendon Laundry aufgestellten Grundsätze ein.

Es bleibt abzuwarten, ob sich diese Auffassung durchsetzen wird. Unter diesen Umständen wäre ein Ausschluß der Haftung für negligence nur wirksam, wenn er klar und unmißverständlich im Wortlaut der Klausel zum Ausdruck gekommen wäre.

D. Die Inhaltskontrolle von Haftungsausschlußklauseln

Der dem Kunden von den Gerichten mittels Kontrolle der Einbeziehung von Haftungsausschlußklauseln und deren restriktiver Auslegung gewährte Schutz ist zwar recht umfangreich, indes keineswegs umfassend.

Die Kontrolle bei der Einbeziehung gewährleistet lediglich, daß keine Klausel zum Vertragsinhalt wird, von der der Kunde nicht zumindest hätte Kenntnis haben können. Ein wirksames Mittel gegen unbillige Klauseln wäre diese Kontrolle nur, wenn Kenntnis das Problem lösen würde. Da der Kunde jedoch nur in den seltensten Fällen die Möglichkeit hat, einen gleichartigen Vertrag, ohne die für ihn ungünstigen Bedingungen abzuschließen, nutzt ihm die Kenntnis wenig.

Auch die Auslegung kann nur in begrenztem Umfang die Wirkung unbilliger Klauseln beschränken. Ist eine Klausel unmißverständlich formuliert, so ist für eine restriktive Interpretation kein Raum. Die Auslegung versagt also gegenüber demjenigen, der die „Rechtstechnik virtuos beherrscht“[1].

Insgesamt läßt sich feststellen, daß die Kontrolle durch Anwendung einer gewissen Sorgfalt seitens des Aufstellers bei der Abfassung und Einbeziehung der Klauseln unterlaufen werden kann.

Ausreichender Schutz des Kunden vor unbilligen Klauseln ließe sich also nur durch Aufstellung zwingender Inhaltsschranken bewirken. Da nur für bestimmte Vertragsarten gesetzliche Inhaltsschranken bestehen, oblag es der Rechtsprechung, geeignete Kriterien für eine allgemeine Begrenzung des rechtlich zulässigen Inhalts von Verträgen herauszubilden.

Die Gerichte sahen sich jedoch an der Ausbildung entsprechender Regeln durch das Dogma der Vertragsfreiheit gehindert[2]. Die Vertragsfreiheit wird nämlich im englischen Recht lediglich als Freiheit von

---

[1] Raiser, Recht der Allgemeinen Geschäftsbedingungen, S. 284; Wilson, Consumer Protection, S. 648: "... this principle ... is completely ineffective when confronted with expert draftsmanship."

[2] Vgl. Wülfing, S. 17 ff.

richterlicher Kontrolle des Vertragsinhalts verstanden. Der Richter ist verpflichtet, den Vertrag so, wie er von den Parteien geschlossen worden ist, durchzusetzen[3], ohne Rücksicht darauf, ob im konkreten Fall beide Parteien die Möglichkeit hatten, die Vertragskonditionen frei auszuhandeln, oder ob sie der einen Partei von der anderen aufgezwungen worden sind[4].

Auf der einen Seite sind die Gerichte also nicht bereit, vom traditionellen Verständnis der Vertragsfreiheit, das eine offene Inhaltskontrolle verhindert, abzurücken. Auf der anderen Seite haben sie aber auch die Notwendigkeit eines effektiven Kundenschutzes klar erkannt. Der Versuch, diese unvereinbaren Standpunkte miteinander in Einklang zu bringen, hat zu einer recht unübersichtlichen Rechtslage geführt.

I. Die Lehre vom fundamental breach

Die wichtigste Einschränkung der Gestaltungsfreiheit stellt die Lehre vom fundamental breach dar. Diese Lehre besagt, daß der Aufsteller sich nicht auf eine Freizeichnungsklausel berufen kann, wenn er sich einen fundamental breach of contract oder einen breach of a fundamental term hat zuschulden kommen lassen. Zum gegenwärtigen Zeitpunkt bestehen allerdings erhebliche Zweifel bezüglich des Anwendungsbereichs dieser Regel und sogar an ihrer Existenz[5].

1. Entwicklung der Lehre vom fundamental breach

Die Lehre vom fundamental breach ist eine Rechtsfortbildung jüngeren Ursprungs[6]. Die ihr zugrunde liegenden Überlegungen sind jedoch keineswegs neu. Bereits in der ersten Hälfte des vorigen Jahrhunderts wurde die Regel entwickelt, daß die Nichterfüllung des Vertrages regelmäßig die Berufung des Schuldners auf eine Freizeichnungsklausel ausschließt (total breach of contract)[7]. Die klassische Formulierung dieses Prinzips geht auf Scrutton L.J. in Gibaud v. Great Eastern Railway[8] zurück: "The principle is well known, and perhaps Lilley v.

---

[3] "No court has an absolving power." Lord Simons in British Movietonews, Ltd. v. London and District Cinemas, Ltd. [1951] 2 All E. R. 617, 624.

[4] Vgl. Wülfing, S. 19.

[5] Vgl. Chitty/Guest, § 732; Treitel, Contract, S. 144; ders., Fundamental Breach, S. 555 f.

[6] Vgl. Chitty/Guest, § 735; von der doctrine of fundamental breach kann man seit der Entscheidung Alexander v. Railway Exekutive [1951] 2 K. B. 712 sprechen, siehe Grunfeld, S. 72; zur Geschichte der Lehre vom fundamental breach siehe auch Coote, S. 104 ff.

[7] Sheperd v. Kain (1821) 5 B. & Ald. 240; Chanter v. Hopkins (1838) 4 M & W. 399: beide Entscheidungen sind zitiert nach Grunfeld, S. 71; Nichol v. Godts (1854) 10 Exch. 191.

Doubleday[9] is the best illustration, that if you undertake to do a thing in a certain way, with certain conditions protecting it, and have broken the contract by not doing the thing contracted for in the way contracted for, or not keeping the article in the place in which you have contracted to keep it, you cannot rely on the conditions which were only intended to protect you if you carried out the contract in the way in which you had contracted to do it[10]."

Diese Regel findet auf zwei große Gruppen von Verträgen Anwendung, nämlich auf Kauf- und Abzahlungsgeschäfte (sale and hire-purchase) sowie auf Dienstleistungsverträge (contracts for services).

a) Kauf- und Abzahlungsgeschäfte

Die ältesten bekannten Entscheidungen, die auf dieser Regel beruhen, betreffen die Lieferung gattungsfremder Sachen beim Kauf. Bereits 1821 im Fall Sheperd v. Kain[11] stellte das Gericht fest, der Beklagte könne sich nicht auf eine ihn von der Haftung befreiende Klausel berufen, da er nicht die vertragsmäßig geschuldete Sache geliefert habe[12]. Die Berufung auf eine Haftungsausschlußklausel wurde ferner dann nicht zugelassen, wenn der Verkäufer außerstande war, dem Käufer das Eigentum an der verkauften Sache zu verschaffen[13]. Schließlich wurde auch bei Zusammentreffen mehrerer Fehler, die jeder für sich allein betrachtet durch einen Haftungsausschluß gedeckt waren, die wirksame Befreiung des Schuldners von der Haftung verneint[14].

b) Dienstleistungsverträge

Großen Einfluß auf die Lehre vom fundamental breach hat die Rechtsprechung zur „deviation" im Seetransportrecht ausgeübt. Dieser Rechtsprechung zufolge stellt die Einhaltung des vereinbarten Kurses oder, wenn kein bestimmter Kurs vereinbart worden ist, die Einhaltung des üblichen Kurses eine wesentliche Vertragsbestimmung[15] dar,

---

8 [1921] 2 K. B. 246.

9 (1881) 7 Q. B. D. 510.

10 Ebd., S. 435.

11 (1821) 5 B & Ald. 240: zitiert nach Grunfeld, S. 71.

12 Siehe hierzu ferner Chanter v. Hopkins (1838) 4 M. & W. 399: zitiert nach Grunfeld, S. 71; Pinnock v. Lewis [1923] 1 K. B. 690; Andrews v. Singer Motors [1934] 1 K. B. 17.

13 Rowland v. Divall [1923] 2 K. B. 500; Butterworth v. Kingsway Motors, Ltd. [1954] 2 All E. R. 694; Chitty/Guest, § 740; Guest, S. 100; Coote, S. 61 ff.

14 Pollock v. Macrae [1922] S. C. (H. L.) 192: zitiert nach Kade, S. 50; Schmitthoff, Sale of Goods, S. 199.

15 Hain Steamship Co., Ltd. v. Tate & Lyle [1936] 2 All E. R. 597.

deren Verletzung die Unanwendbarkeit von Haftungsausschlußklauseln nach sich zieht[16].

Die Deviation-Rechtsprechung wurde später erweitert zur sog. four corners rule. Grundgedanke dieser Regelung ist, daß der Schuldner nur so lange den Schutz einer Haftungsbefreiung genießt, als er sich innerhalb der „four corners" des Vertrages bewegt. Stellt er sich außerhalb dieser Grenzen, so geht der Schutz verloren[17]. So kann sich beispielsweise ein Verwahrer nicht auf eine Freizeichnungsklausel berufen, wenn er die ihm anvertrauten Güter an einem anderen als dem vereinbarten Ort aufbewahrt[18] oder sie schuldhaft einem unbefugten Dritten aushändigt[19] und die Güter infolgedessen beschädigt oder zerstört werden.

Den genannten Fällen ist gemeinsam, daß die Unwirksamkeit der jeweiligen Freizeichnungsklausel sich durch die Anwendung einer Auslegungsregel ergibt[20]. Nach dem Willen der Parteien soll eine Freizeichnung in der Regel nur dann zur Anwendung kommen, wenn Schäden im Rahmen der Vertragserfüllung auftreten. Eine solche Auslegung ist aber nur solange möglich, als nicht auch die Haftung für den Fall nicht vertragskonformen Verhaltens ausdrücklich ausgeschlossen wird. Hat der Schuldner auch diese Haftung ausgeschlossen, so kann er in keinem Fall ersatzpflichtig gemacht werden, ganz gleich, wodurch der Schaden des Gläubigers verursacht worden ist[21].

Das Ergebnis, daß der Schuldner sich von der Haftung für jegliche, auch noch so schwerwiegende Verstöße durch eindeutige Formulierungen befreien konnte, scheint im Laufe der Zeit von der Rechtsprechung als äußerst unbefriedigend empfunden worden zu sein. In dem Bemühen,

---

[16] Mallett v. Great Eastern Railway [1899] 1 Q. B. 309; Scaramanga & Co. v. Stamp (1880) 5 C. P. D. 295; Leduc v. Ward (1888) 20 Q. B. D. 475; Thorley, Ltd. v. Orchiss Steamship Co., Ltd. [1907] 1 K. B. 660; Internationale Guano en Superphosphaatwerken v. Macandrew & Co. [1909] 2 K. B. 360; Morrison & Co., Ltd. v. Shaw, Saville & Albion C., Ltd. [1916] 2 K. B. 783; Hain S. S. Co., Ltd. v. Tate & Lyle [1936] 2 All E. R. 597.

[17] Gibaud v. G. E. Ry. [1921] 2 K. B. 426; The Cap Palos [1921] P. 458; London & North Eastern Railway Co. v. Neilson [1922] A. C. 263; The Refrigerant [1925] P. 130; Bontex Knitting Works, Ltd. v. St. John's Garage [1943] 2 All E. R. 690; Davies v. Collings [1945] 1 All E. R. 247; Woolf v. Collis Removal Services [1948] 1 K. B. 11; Woolmer v. Delmer Price, Ltd. [1955] 1 Q. B. 291.

[18] Woolf v. Collis Removal Services [1948] 1 K. B. 11; J. Spurling, Ltd. v. Bradshaw [1956] 2 All E. R. 121.

[19] Woolmer v. Delmer Price [1955] 1 Q. B. 291.

[20] Vgl. hierzu Lord Reid in Suisse Atlantique Société d'Armement Maritime S. A. v. N. V. Rotterdamsche Kolen Centrale [1966] 2 All E. R. 61, 75 und Lord Wilberforce ebd., S. 93.

[21] The Cap Palos [1921] P. 471, 472 per Atkin L. J.; London & North Western Railway Co. v. Neilson [1922] 2 A. C. 263, 272 per Lord Dunedin; Cunard Steamship Co., Ltd. v. Buerger [1927] A. C. 1, 13 per Lord Parmoor.

den Kunden gegenüber solch grob unbilligen Klauseln nicht völlig schutzlos zu lassen, wandelten die Gerichte die bestehende Auslegungsregel in einen zwingenden Rechtssatz (rule of substantive law) des Inhalts um, der Unternehmer könne sich auch durch Aufstellung von noch so weiten Klauseln nicht vor den Folgen eines fundamental breach und eines breach of a fundamental term schützen.

Im folgenden sollen die Begriffe „breach of a fundamental term" und „fundamental breach" erläutert werden[22].

2. *Breach of a Fundamental Term*

Was unter einem fundamental term zu verstehen ist, ist nie ganz klar definiert worden[23]. Zum Verständnis dieses Begriffs ist von der im englischen Vertragsrecht bestehenden Unterteilung der Vertragsbestimmungen in conditions und warranties auszugehen. Wie bereits oben, S. 32 Fußn. 28, erwähnt, werden unter conditions wesentliche Vertragsbestimmungen verstanden, unter warranties dagegen vertragliche Nebenabreden. Die fundamental terms können dementsprechend nur zu der Kategorie der conditions gehören. Nun hat aber nicht schon jede Verletzung einer condition die Unanwendbarkeit von Haftungsausschlußklauseln zur Folge: Es muß daher bestimmte Kriterien geben, wodurch sich die fundamental terms von den conditions unterscheiden[24].

Es gibt eine ganze Reihe von Formulierungen, die die Besonderheiten der fundamental terms charakterisieren. Sie sind jedoch alle recht unbestimmt und lauten sinngemäß etwa folgendermaßen: Fundamental terms sind Vertragsbestimmungen, die das „Wesen des Vertrages" oder seinen „harten Kern" ausmachen[25]. Sie sagen im Grunde also nicht mehr aus, als daß unter fundamental terms nur ganz grundlegende Vertragsbestimmungen zu verstehen sind und räumen im übrigen dem Richter einen weiten Ermessensspielraum für die Entscheidung ein, was er als fundamental term ansehen will[26].

---

22 Die Terminologie in diesem Bereich ist sehr umstritten. Teilweise wird zwischen fundamental breach und breach of a fundamental term nicht unterschieden. Auch wenn differenziert wird, werden die einzelnen Fälle unterschiedlich auf beide Gruppen verteilt. Hier wird im wesentlichen der Einteilung Treitels (Contract S. 182 ff.) gefolgt, da sie eine widerspruchslose Einordnung aller Fälle ermöglicht, was m. E. bei den anderen Einteilungen nicht möglich ist, siehe u. Fußnote 47.

23 Vgl. Graue, Mangelfreie Lieferung, S. 376; Kühnel, S. 66.

24 Siehe hierzu Melville, S. 28 ff.

25 Alexander v. Railway Executive [1951] 2 K. B. 882, 893; Smeaton Hanscomb v. Sassoon I Setty Son & Co. [1953] 2 All E. R. 1471, 1473; Karsales (Harrow), Ltd. v. Wallis [1956] 2 All E. R. 866, 869, 871; Spurling v. Bradshaw [1956] 2 All E. R. 121, 124; Jenkins, S. 257 f.

26 Zu den Vorteilen, die in dieser Unbestimmtheit liegen, siehe Grunfeld, S. 73 f.

Eine genauere Festlegung dessen, was als fundamental term zu begreifen ist, scheint das dictum von Lord Devlin in Smeaton Hanscomb & Co., Ltd. v. Sassoon I Setty, Son & Co.[27] zu ermöglichen. Seiner Meinung nach ist ein fundamental term eine Vertragsbestimmung, "narrower than a condition of the contract" "... which underlies the whole contract so that, if it is not complied with, the performance becomes totally different from that which the contract contemplates". Die Unterscheidung von conditions und fundamental terms orientiert sich danach an der Erfüllung des Vertrages: Als fundamental terms gelten diejenigen Vertragsbestimmungen, die die Vereinbarung des Hauptzwecks, um dessentwillen der Vertrag geschlossen worden ist, beinhalten. Die Verletzung einer solchen Bestimmung hat notwendig die Unmöglichkeit der Erfüllung des Vertrages zur Folge. Die Verletzung einer condition dagegen läßt die Möglichkeit einer, wenn auch mangelhaften, Erfüllung bestehen.

Diese Definition erweist sich jedoch als nur für Kauf- und Abzahlungsverträge brauchbar, wie die folgende Darstellung zeigen wird. Für die Dienstleistungsverträge hingegen muß man sich mit den vorher genannten Formulierungen begnügen.

Bei den Kauf- und Abzahlungsverträgen[28] bestehen zwei Hauptpflichten, deren Verletzung mit Notwendigkeit die Nichterfüllung des Vertrages nach sich zieht. Das ist einmal die Pflicht des Verkäufers, dem Käufer das Eigentum am Kaufgegenstand zu verschaffen[29]. Wann eine Verletzung dieser Pflicht vorliegt, läßt sich ohne weiteres feststellen. Schwieriger gestaltet sich die Entscheidung, wenn der Verkäufer seine weitere Hauptpflicht verletzt und eine gattungsfremde Sache liefert. In diesen Fällen stellt sich die Frage, ob die gelieferte Sache als — mangelhafte — Erfüllung oder aber als Nichterfüllung anzusehen ist[30]. Läßt sich durch Auslegung der beiderseitigen Vertragserklärungen nicht klar erkennen, ob die gelieferte Sache als Erfüllung eingestuft werden kann oder nicht, so muß eine Wertung vorgenommen werden, für die der Grad der Verschiedenheit von vereinbarter und erbrachter Leistung ausschlaggebend ist.

Folgende Beispiele verdeutlichen die Problematik einer solchen Unterscheidung:

In Karsales (Harrow) Ltd. v. Wallis[31] erstand ein Käufer einen bei Vorführung einwandfreien Gebrauchtwagen. Die Auslieferung des Fahrzeugs

---

27 [1953] 2 All E. R. 866, 868.

28 Seit Erlaß des Supply of Goods (Implied Terms) Act 1973 haben diese Regeln nur noch geringe praktische Bedeutung.

29 Rowland v. Divall [1923] 2 K. B. 500.

30 Zu den Abgrenzungsschwierigkeiten siehe Guest, S. 101 f.

31 [1956] 2 All E. R. 866.

erfolgte zur Nachtzeit, da der Wagen zu diesem Zeitpunkt zum Wohnort des Käufers nicht mehr gefahren, sondern nur noch geschleppt werden konnte. Als der Käufer ihn in Gebrauch nehmen wollte, stellte er erhebliche Mängel fest: Der Motor war unbrauchbar und viele neue Teile waren durch alte ersetzt worden. Infolge dieser Manipulationen war das Auto nicht mehr fahrtüchtig.

Das Gericht war der Ansicht, der Unterschied zwischen der geschuldeten Sache, nämlich dem bei Besichtigung tadellosen Wagen, und dem gelieferten Autowrack sei so erheblich, daß keine Erfüllung angenommen werden könne.

Anders fiel die Entscheidung im Fall Astley Industrial Trust, Ltd. v. Grimley[32] aus. Hier war ein Lastkraftwagen zu einem besonderen, im Vertrag festgelegten Zweck gekauft worden. Der gelieferte Wagen erwies sich als zu diesem Zweck ungeeignet. Diese Vertragswidrigkeit stufte das Gericht lediglich als Verletzung einer condition ein.

Ähnlich problematisch ist die Unterscheidung, die bei Dienstleistungsverträgen zwischen einfachen Vertragsbedingungen und fundamental terms getroffen wird. Einige Beispiele mögen das verdeutlichen.

Anerkannt ist, daß derjenige den Schutz einer Freizeichnungsklausel verliert, der von der vereinbarten Route abweicht[33]. Ursprünglich galt dieser Grundsatz nur für das Seetransportrecht[34]. Später wurde er auf das Landfrachtrecht ausgedehnt[35].

Auf den ersten Blick erscheint es unverständlich, weshalb jede auch noch so kleine Abweichung vom vereinbarten Kurs die Verletzung einer grundlegenden Vertragsbestimmung darstellen soll. Der Grund hierfür liegt im Versicherungsrecht[36]. Ein Versicherungsschutz für die beförderten Güter besteht nur, solange die vereinbarte Route eingehalten wird. Wird auch nur geringfügig von ihr abgewichen, so endet der Versicherungsschutz[37].

Ein ähnlicher Grundsatz wie bei der deviation gilt für die lange Verzögerung der Vertragserfüllung[38].

Schließlich kann sich auch der Inhaber eines Lagerhauses nicht auf eine Freizeichnungsklausel berufen, wenn er die Waren an einem anderen als dem vereinbarten Ort gelagert hat[39].

---

[32] [1963] 1 W. L. R. 584.

[33] Siehe Fußn. 16.

[34] Die sog. Deviation-Rechtsprechung befaßte sich ausschließlich mit Verträgen aus dem Bereich des Seefrachtrechts.

[35] Vgl. Kühnel, S. 68.

[36] Vgl. Treitel, Contract, S. 147.

[37] Hain Steamship Co. v. Tate & Lyle, Ltd. [1936] 2 All E. R. 597.

[38] Cunard Steamship Co. v. Buerger [1927] A. C. 1; Bontex Knitting Works, Ltd. v. St. John's Garage [1943] 2 All E. R. 690.

Auf der anderen Seite wurde es einem Schiffseigner nicht verwehrt, sich auf eine Freizeichnungsklausel zu berufen, obwohl er nicht, wie vereinbart, ein seetüchtiges Schiff zur Verfügung gestellt hatte[40]. Gleiches gilt für den Inhaber eines Lagerhauses, der seine Sorgfaltspflichten bezüglich der Aufbewahrung der ihm anvertrauten Güter verletzt[41].

Im Gegensatz zu den Fällen des breach of a fundamental term im Kaufrecht kommt es bei den Dienstleistungsverträgen nicht auf die Auswirkungen der Vertragsverletzung an (Erfüllung oder Nichterfüllung), sondern lediglich auf die verletzte Bestimmung als solche. Gemeinsam ist beiden Gruppen, daß die Nichtigkeit der Klausel unabhängig vom Verschulden eintritt. Auch wenn die Vertragsverletzung auf Zufall beruht, geht der Schutz der Freizeichnungsklausel verloren[42].

In London and North Western Railway v. Neilson[43] schloß ein Theaterunternehmen mit einer Eisenbahngesellschaft einen Vertrag zur Beförderung von Theatergut an einen bestimmten Ort. Unterwegs löste sich der Zettel mit der Angabe des Bestimmungsorts von dem Waggon. Infolgedessen wurden die einzelnen Teile entsprechend alten Aufklebern, die sich noch auf ihnen befanden, an verschiedene Bahnhöfe versandt. Obwohl hier kein Verschulden vorlag, wurde der Eisenbahngesellschaft die Berufung auf eine Haftungsausschlußklausel versagt, da die Verletzung eines fundamental term (nämlich Abweichen von der vereinbarten Route) vorlag.

Dieser Gesichtspunkt, daß die Verletzung eines fundamental term die Berufung auf eine Freizeichnungsklausel ohne Rücksicht auf ein etwaiges Verschulden ausschließt, stellt das maßgebende Abgrenzungskriterium zum fundamental breach dar.

3. *Fundamental Breach*

Entscheidend für das Vorliegen eines fundamental breach (im engeren Sinn) ist das Wie der Vertragsverletzung. Es steht nicht die verletzte Bestimmung im Vordergrund[44], sondern die Art und Weise der Verletzungshandlung. Nur, wenn sie grobfahrlässig oder vorsätzlich begangen wurde, liegt ein fundamental breach vor.

In Sze Hai Tong Bank, Ltd. v. Rambler Cycle Co., Ltd.[45] sollte eine Reederei von ihr beförderte Fahrradteile dem Empfänger nur gegen Vorlage des Ladescheins aushändigen. Am Bestimmungsort wurde die Ladung jedoch (vorsätzlich) an eine nicht legitimierte Person übergeben, die die Fahrrad-

---

39 Woolf v. Collis Removal Services [1948] 1 K. B. 11.

40 The Europa [1908] P. 84; Kish v. Taylor [1912] A. C. 604.

41 Spurling, Ltd. v. Bradshaw [1956] 2 All E. R. 121.

42 Vgl. Treitel, Contract, S. 148.

43 [1922] 2 A. C. 263.

44 Vgl. Treitel, Contract, S. 149.

45 [1959] A. C. 576.

teile weder bezahlt hatte noch später bezahlte. Die Reederei konnte sich hier nicht auf ihre Freizeichnungsklausel berufen, da sie den Vertrag vorsätzlich verletzt und damit einen fundamental breach begangen hatte.

Das Gegenbeispiel bildet Hollins v. J. Davy, Ltd.[46].

In diesem Fall übergab ein Parkwächter in gutem Glauben einen Wagen an einen Dieb, der vorgab, vom Eigentümer geschickt worden zu sein. Der Garageninhaber konnte sich gegenüber der Schadensersatzklage des Eigentümers auf seine Haftungsbefreiung berufen, da sein Angestellter in der Absicht gehandelt hatte, den Vertrag ordnungsgemäß zu erfüllen.

Es fehlte hier also an dem für einen fundamental breach erforderlichen grob schuldhaften Verstoß gegen die Vertragspflichten. Leichte Fahrlässigkeit genügt also nicht[47].

4. Die Entscheidung des House of Lords in Suisse Atlantique und ihre Folgen

In die Lehre vom fundamental breach waren große Hoffnungen gesetzt worden, sah man doch in ihr die Möglichkeit, die spezifischen Probleme formularmäßiger Haftungsfreizeichnung durch ein speziell darauf abgestimmtes Rechtsmittel in den Griff zu bekommen, ohne weiterhin ausschließlich auf die indirekte — und damit teilweise ineffektive — Kontrolle durch Auslegung angewiesen zu sein[48]. Diese Hoffnungen wurden enttäuscht durch die Entscheidung des House of Lords in Suisse Atlantique[49], in der die Law Lords dieser Theorie einstimmig entgegentraten und sie auf ihren Ursprung als Auslegungsregel zurückführten. Der Entscheidung lag folgender Sachverhalt zugrunde:

Die Beklagten charterten im Dezember 1956 von den Klägern für den Zeitraum von zwei Jahren ein Schiff, auf dem sie ständig Kohle von den USA nach Europa transportieren wollten. In dem von den Parteien geschlossenen Vertrag wurde festgelegt, wie lange das gecharterte Schiff für das Laden bzw. Entladen der Kohle jeweils im Hafen liegen durfte. Für

---

46 [1963] 1 Q. B. 844.

47 Woolmer v. Delmer Price, Ltd. [1955] 1 Q. B. 295; J. Spurling v. Bradshaw [1956] 2 All E. R. 121; Hunt & Winterbotham v. B. R. S. (Parcels), Ltd. [1962] 1 Q. B. 617; John Carter (Fine Worsteds), Ltd. v. Hanson Haulage (Leeds), Ltd. [1965] 2 Q. B. 495. Die gegenteilige Meinung Sayn-Wittgensteins (S. 40/41) beruht auf seiner anderen Einteilung. Er ordnet alle Fälle des breach of a fundamental term in Dienstleistungsverträgen dem fundamental breach (im engeren Sinn) zu. Da es aber bei diesen Fällen auf ein Verschulden grundsätzlich nicht ankommt, gelangt er zu dem Ergebnis, daß unter bestimmten Voraussetzungen auch bei leicht fahrlässigem Verhalten des Schuldners ein fundamental breach vorliegen könne.

48 Wilson, Consumer Protection, S. 649; sogar im Ausland: vgl. Graue, Mangelfreie Lieferung, S. 397.

49 Suisse Atlantique Société d'Armement Maritime S. A. v. N. V. Rotterdamsche Kolen Centrale [1966] 2 All E. R. 61.

jeden über die vereinbarte Liegezeit hinausgehenden Tag, an dem das Schiff im Hafen verblieb, sollte ein Liegegeld (demurrage) in Höhe von 1 000,— Dollar gezahlt werden. Während der letzten 17 Monate der Vertragszeit lag das gecharterte Schiff 150 Tage über die vertragsmäßige Liegezeit hinaus im Hafen. Die Beklagten erkannten an, den Schiffseignern 150 000,— Dollar Liegegeld zu schulden. Der Gewinn, den die Kläger gemacht hätten, wenn die Beklagten das Schiff während der 150 verlorenen Tage genutzt hätten, lag jedoch wesentlich höher. Die Schiffseigner klagten daher gegen die Beklagten auf Ersatz des entgangenen Gewinns. Sie stützten ihre Klage vor dem House of Lords auf das Vorliegen eines fundamental breach of contract. Infolge des Vertragsbruchs seitens der Beklagten, so argumentierten sie, sei es diesen verwehrt, sich auf die Liegegeld-Klausel zu berufen.

Das House of Lords brachte in seiner Urteilsbegründung zum Ausdruck, daß es geneigt sei anzunehmen, es liege ein fundamental breach vor; es entschied jedoch, die Beklagten könnten sich nichtsdestoweniger auf die Liegegeld-Klausel stützen, selbst wenn diese Klausel als Freizeichnungsklausel anzusehen sein sollte. Im wesentlichen waren es zwei Gründe, die das House of Lords zu dieser Entscheidung veranlaßten:

Zunächst einmal stellte das Gericht fest, die Lehre vom fundamental breach als rule of substantive law finde keine Stütze in den älteren Präjudizien. Vielmehr beruhe die jeweilige Entscheidung in allen älteren Urteilen auf der Anwendung einer Auslegungsregel, die erst in neuerer Zeit von den Gerichten in eine zwingende Rechtsregel umgewandelt worden sei. Allein dieser Umstand reichte nach Ansicht von Lord Dilhorne[50], Lord Hodson[51] und Lord Upjohn[52] zur Verwerfung der Lehre vom fundamental breach aus.

Als weiteres wichtiges Gegenargument wurde die unzulässige Beschränkung der Vertragsfreiheit angeführt. Als unzulässig wurde sie angesehen, weil kein Unterschied gemacht werde zwischen formularmäßigen Haftungsbefreiungen und solchen, die einzelvertraglich ausgehandelt worden seien. Eine solche Beschränkung der Vertragsfreiheit auch in Fällen, in denen gleichberechtigte und wirtschaftlich gleich starke Partner einen Haftungsausschluß frei ausgehandelt hätten, sei ungerechtfertigt[53].

Durch die Entscheidung in Suisse Atlantique ist die Lehre vom fundamental breach als unabdingbare Inhaltsschranke verworfen worden, zumindest in der weiten Fassung, in der sie zuvor von den Gerichten formuliert und angewandt worden ist. An dieser Feststellung ändert auch die Tatsache nichts, daß die Stellungnahme des House of Lords nur

[50] Ebd., S. 67.

[51] Ebd., S. 78.

[52] Ebd., S. 88.

[53] Lord Reid ebd., S. 76.

in obiter dicta erfolgte, so daß keine formelle Bindung der unteren Gerichte daran besteht[54].

Eine andere Frage ist, inwieweit die Entscheidung in Suisse Atlantique eine tatsächliche Änderung der Rechtsprechung bedingt. Insbesondere im Schrifttum wird die Auffassung vertreten, die Kontrollmöglichkeiten der Gerichte seien nur unbeträchtlich eingeschränkt worden[55]. Diese Auffassung stützt sich einmal darauf, daß kein einziger der unter der Lehre vom fundamental breach entschiedenen Fälle im Ergebnis verworfen wurde. Daraus wird der Schluß gezogen, daß die Auffassung des House of Lords nur in ganz extremen Fällen zu abweichenden Ergebnissen führt[56].

Weiter wird ausgeführt, daß die vom House of Lords ins Auge gefaßte Auslegungsregel den Gerichten einen so großen Ermessensspielraum zubillige, daß sie sich kaum jemals gezwungen sehen werden, einer Klausel Wirksamkeit zu verleihen, die sie unter der Herrschaft der materiellen Rechtsregel verworfen hätten[57].

Dennoch trat die fundamental breach doctrine zunächst vollkommen in den Hintergrund. Im Jahre 1970 wurde sie jedoch in zwei Entscheidungen wiederbelebt. In Harbutt's „Plasticine", Ltd. v. Wayne Tank and Pump Co., Ltd.[58] und in Farnworth Finance Facilities, Ltd. v. Attryde[59] wurde das Urteil auf das Vorliegen eines fundamental breach gestützt. Zwar folgte der Court of Appeal in beiden Entscheidungen nach seiner eigenen Aussage den in Suisse Atlantique entwickelten Grundsätzen[60]. Bei näherem Zusehen stellt sich jedoch heraus, daß die Entscheidungen in Wahrheit wiederum auf einer als unabdingbar angesehenen Inhaltsschranke beruhen[61]. Sie gehen nämlich davon aus, daß das Recht einer Partei, bei Vorliegen eines fundamental breach vom Vertrag zurückzutreten, von einer Haftungsausschlußklausel nicht berührt werde, selbst wenn die Klausel bei richtiger Interpretation den

---

[54] Wenn demgegenüber Kühnel, S. 75, der Meinung ist, daß der Entscheidung in Suisse Atlantique größere Bedeutung zukomme als einer Entscheidung des Bundesgerichtshofs in der Bundesrepublik, so kann das nur darauf beruhen, daß er die Ausführungen des House of Lords zu Unrecht als ratio decidendi ansieht.

[55] Vgl. Sutton/Shannon, S. 113; Chitty/Guest, § 739; Treitel, Fundamental Breach, 551 f.; Wilson, The British Position, S. 41; v. Hippel, The Control of Exemption Clauses, S. 597; a. A. Fairest, S. 246; v. Metzler, S. 253.

[56] Vgl. Treitel, Fundamental Breach, S. 546.

[57] Vgl. Treitel, Fundamental Breach, S. 551; Chitty/Guest, § 739.

[58] [1970] 1 Q. B. 447.

[59] [1970] 1 W. L. R. 1053.

[60] Harbutt's "Plasticine" [1970] 1 Q. B. 447, 465 f. per Lord Denning M. R., S. 475 per Cross L. J.; Farnworth Finance [1970] 1 W. L. R. 1053, 1058 per Lord Denning M. R.

[61] Vgl. Baker, S. 444; Silberberg, S. 198.

fundamental breach decken würde. Tritt die verletzte Partei aber zurück, so verlieren etwaige Freizeichnungsklauseln automatisch ihre Wirkung.

Dieser neue zwingende Rechtssatz wiederum ist in der Entscheidung Kenyon, Son & Craven, Ltd. v. Baxter Hoare[62] von Donaldson J. eingeschränkt worden. Danach erstreckt sich ihre Anwendbarkeit lediglich auf Fälle eines „major" fundamental breach, d. h. auf solche Handlungen, die sich vollkommen außerhalb des Vertrages abspielen.

Die augenblickliche Rechtslage stellt sich also wie folgt dar:

Bei schwerwiegenden Vertragsbrüchen kommt es entscheidend auf die Wahl der verletzten Partei an:

(a) Bestätigt sie den Vertrag, so sind Haftungsausschlußklauseln grundsätzlich wirksam. Ob sie tatsächlich im Einzelfall zur Anwendung kommen, hängt allerdings davon ab, ob sie bei richtiger Auslegung die Haftung für den konkret eingetretenen Schaden ausschließen. Bei dieser Auslegung greifen die Gerichte natürlich auf alle die Wirksamkeit solcher Klauseln beschränkenden Regeln zurück.

(b) Ist die verletzte Partei vom Vertrag zurückgetreten oder ist eine weitere Durchführung des Vertrages auf Grund tatsächlicher Umstände unmöglich geworden, so treten verschiedene Rechtsfolgen ein, je nachdem wie schwerwiegend der Vertragsbruch war. Liegt ein „major" fundamental breach vor, tritt automatisch die Unanwendbarkeit der Freizeichnungsklauseln ein. Lag hingegen nur ein „minor" fundamental breach vor, ist wiederum im Wege der Auslegung zu ermitteln, ob die betreffende Klausel Anwendung findet oder nicht[63, 64].

II. Reasonableness

Von einigen Richtern ist der Versuch unternommen worden, die „reasonableness" als allgemeine Inhaltsschranke für Freizeichnungsklauseln einzuführen. In verschiedenen obiter dicta verliehen sie der

---

62 [1971] 1 W. L. R. 519.

63 Vgl. Legh-Jones/Pickering, S. 518 f.

64 Nach Ansicht von Silberberg, S. 202, kann innerhalb eines fundamental breach nicht mehr differenziert werden — entweder der Vertragsbruch ist grundlegend oder er ist es nicht. Dennoch kommt Silberberg zu entsprechenden Ergebnissen, da, wie er aufzeigt, eine Partei ihre Haftung für die Erfüllung der ihr obliegenden Hauptpflicht nicht wirksam ausschließen kann. Tut sie das, so liegt kein Vertrag vor. Daher existiert ein zwingender Rechtssatz, der besagt, daß in einem synallagmatischen Vertrag jede Klausel, die der Erklärung einer Partei die Rechtsverbindlichkeit nimmt, nichtig ist (S. 203).

Meinung Ausdruck, unvernünftige Bedingungen (unreasonable conditions) sollten von den Gerichten nicht als wirksam anerkannt werden[65, 66].

In neuerer Zeit hat sich vor allem Lord Denning M. R. für eine solche Kontrolle ausgesprochen; so in seiner „opinion" in der Entscheidung Lee (John) and Son (Grantham), Ltd. v. Railway Executive[67], in der er erklärte: "There is the vigilance of the common law which, while allowing freedom of contract, watches to see that it is not abused."

In Gillespie Brothers & Co., Ltd.[68] stützte er das Konzept der „reasonableness" zusätzlich mit dem Hinweis, es erlaube dem Richter, das ihm erwünschte Ergebnis der Unwirksamkeit einer unangemessenen Klausel auf direktem Wege zu erreichen, ohne wie bislang gezwungen zu sein, Zuflucht zu einer gekünstelten Auslegung zu nehmen[69].

Die Lehre von der „reasonableness" stieß indessen in Rechtsprechung und Schrifttum weitgehend auf Ablehnung[70], da angenommen wurde, das common law gestatte dem Richter keinen derartigen Eingriff in einen Vertrag.

De lege ferenda wurden dagegen die Vorzüge der „reasonableness" durchaus erkannt[71]. Da sich die Mitglieder der Law Commission[72] einstimmig für eine Überprüfung von Freizeichnungsklauseln auf ihre Angemessenheit einsetzten, wurde schließlich die so nachdrücklich von Lord Denning M.R. vertretene Ansicht im Kaufgesetz von 1973[73] gesetzlich sanktioniert[74]: Gemäß section 55 (4) des Gesetzes sind be-

---

[65] Van Toll v. South Eastern Railway Co. 142 E. R. 1071; Parker v. South Eastern Railway Co. (1874 - 1880) All E. R. 166; Watkins v. Rymill (1883) 10 Q. B. D. 178; Thompson v. L. M. & S. Ry. Co. [1930] 1 K. B. 41.

[66] Von Sutton/Shannon, S. 108, werden diese Ausführungen dahingehend verstanden, es sollte damit keine Inhaltsgrenze, sondern lediglich besondere Anforderungen für die Kundgabe von unangemessenen Klauseln aufgestellt werden. Dazu ist zu sagen: Zwar wird teilweise für die Einbeziehung unangemessener Bedingungen ein besonders deutlicher Hinweis gefordert (siehe o. B II 2 c). Unabhängig davon wird aber auch eine inhaltliche Überprüfung von Freizeichnungsklauseln auf ihre Angemessenheit gefordert.

[67] [1949] 2 All E. R. 581, 584; siehe auch Jaques v. L. D. George & Partners, Ltd. [1968] 2 All E. R. 187, 190.

[68] [1972] 3 W. L. R. 1003.

[69] Ebd., S. 1013.

[70] Grand Trunk Railway of Canada v. Robinson [1915] A. C. 740; Ludditt v. Ginger Coote Airways, Ltd. [1947] A. C. 233; Anson/Guest, S. 174.

[71] Vgl. Treitel, Possible Reform, S. 200 ff.; Martin, The British Position, S. 49; Turpin, S. 207.

[72] Law Commission of England and Wales and of Scotland, Working Paper No. 39, S. 57 ff.

[73] Supply of Goods (Implied Terms) Act 1973.

[74] Vgl. Schofield, S. 352.

stimmte Freizeichnungsklauseln ungültig, wenn nachgewiesen wird, daß eine Berufung auf die Haftungsbefreiung unfair oder unvernünftig (unfair or unreasonable) wäre[75].

III. Gesetzliche Bestimmungen

Der englische Gesetzgeber hat sich von Zeit zu Zeit mit den Problemen befaßt, die im Gefolge der Verwendung von Haftungsausschlußklauseln auftreten und einige diesbezügliche Regelungen getroffen. Es handelt sich dabei jedoch nicht um eine generelle Regelung des Rechts der Haftungsausschlußklauseln, sondern um Spezialgesetze für bestimmte Vertragstypen, so insbesondere für das Arbeits-, Transport- und Verkehrsrecht[76].

1. Misrepresentation Act 1967

Die einzige für alle Vertragsarten geltende Regelung (allerdings nur einer einzelnen Frage) enthält der Misrepresentation Act 1967. Unter „misrepresentation" wird eine unrichtige Aussage über Tatsachen[77] verstanden, die die Gegenpartei zum Abschluß eines Vertrages veranlaßt oder mitveranlaßt hat[78]. Während es vor Erlaß des Misrepresentation Act den Parteien offen stand, die Rechtsfolgen einer misrepresentation — Anfechtbarkeit des Vertrages und, unter bestimmten Voraussetzungen, Pflicht zum Schadensersatz[79] — vertraglich abzubedingen[80], ist diese Möglichkeit nunmehr durch section 3 des Gesetzes ausgeschlossen worden. Danach ist jede Vereinbarung unwirksam, die darauf gerichtet ist,

— die Haftung einer Partei für misrepresentation oder

— ein der anderen Partei auf Grund einer misrepresentation zustehendes Rechtsmittel auszuschließen. Das Gericht oder Schiedsgericht kann einer solchen Abmachung jedoch insoweit Gültigkeit zusprechen, als sie bei Würdigung aller Umstände des Einzelfalls als fair und angemessen (fair and reasonable) erscheint[81].

---

[75] Zur Bedeutung des Supply of Goods Act für Haftungsausschlußklauseln siehe u. D III 2.

[76] Siehe Zusammenstellung dieser Vorschriften bei Chitty/Guest, §§ 761 ff.

[77] Im Gegensatz zur falschen Aussage über Meinungen oder die Rechtslage.

[78] Vgl. hierzu statt aller Sutton/Shannon, S. 172 m. w. Nachw.

[79] Vgl. Sutton/Shannon, S. 181 ff. und S. 188 ff.

[80] Inwieweit ein solcher Ausschluß zulässig war, war nicht ganz klar, vgl. Fairest, S. 246.

[81] Das den Gerichten eingeräumte weite Ermessen ist vielfach auf Kritik gestoßen: Fairest, S. 247 f.; Atiyah/Treitel, S. 283 ff.

2. *Supply of Goods (Implied Terms) Act 1973*

Das wichtigste Gesetz auf dem Gebiet der Haftungsausschlußklauseln ist der am 18. Mai 1973 in Kraft getretene Supply of Goods (Implied Terms) Act 1973 (S.G.A. 1973), der das Kaufgesetz von 1893 (Sale of Goods Act) erneuert. Schon dieses Gesetz enthielt eine Reihe von Bestimmungen zum Schutz des Käufers. Diese waren aber, entsprechend dem damals vorherrschenden Prinzip der Vertragsfreiheit, dispositiv und wurden in der Praxis größtenteils durch Freizeichnungsklauseln ausgeschlossen. Der neue S.G.A. 1973 hat die Freiheit des Verkäufers, die zugunsten des Käufers bestehenden Schutzbestimmungen zu seinen Gunsten abzuändern, erheblich eingeschränkt, teilweise sogar vollkommen aufgehoben. So kann die Verpflichtung des Verkäufers, dem Käufer Eigentum am Kaufgegenstand zu verschaffen (s. 12) nicht abbedungen werden. Eine dahingehende Vereinbarung ist nichtig (s. 55 (3)). Bei den weiteren kraft Gesetzes geltenden Bedingungen, nämlich daß die Ware von marktgängiger Qualität sein muß und, falls der Verkäufer weiß, daß sie für einen bestimmten Zweck gekauft wird, sie für diesen Zweck in angemessenem Umfang brauchbar sein muß, ist zwischen einem Verbraucherkauf und sonstigen Kaufgeschäften zu unterscheiden. Im ersteren Fall sind die Bestimmungen über marktgängige Qualität sowie die Gebrauchstauglichkeit der Ware für einen bestimmten Zweck zwingend vorgeschrieben.

Ein Verkauf an einen Endverbraucher liegt nach der in s. 55 (7) genannten Definition vor, wenn der Verkäufer im Rahmen seines Geschäftsbetriebs an eine Person, die kein Kaufmann ist und auch nicht als solcher auftritt, Waren verkauft, die normalerweise zum privaten Ge- und Verbrauch angeschafft werden. Als Verkauf an einen Endverbraucher gilt nicht der im Wege einer Auktion oder Ausschreibung erfolgte Verkauf[82].

Bei sonstigen Kaufgeschäften sind Abweichungen von den in s. 13 - 15 S.G.A. 1973 enthaltenen Bedingungen insoweit nichtig, als nachgewiesen wird, daß es nach den Umständen des Einzelfalls unfair oder unangemessen (unfair or unreasonable) wäre, eine Berufung darauf zuzulassen. Um die Unsicherheit, die die Anwendung einer solchen Generalklausel[83] notwendigerweise mit sich bringt, zu verringern, sind im Gesetz selbst einige Richtlinien aufgeführt, an denen sich die Gerichte bei der Entscheidung orientieren können[84], s. 55 (5) S.G.A. 1973. Ob die

---

[82] Zu den Fragen, die sich aus dieser Definition ergeben können, vgl. Carr, S. 526; Turpin, S. 207; trotz dieser Schwierigkeiten wird die Definition aber als brauchbar angesehen, siehe Turpin, S. 207.

[83] Die Bestimmung entspricht etwa unserer Generalklausel von Treu und Glauben, vgl. Meinhardt, S. 486.

[84] Das ist wahrscheinlich eine Folge der zu s. 3 Misrepresentation Act geäußerten Kritik, siehe o. D III 1.

Berufung auf eine Freizeichnungsklausel fair und angemessen ist, richtet sich daher nach folgenden Umständen:

— Stärke der Verhandlungsposition von Verkäufer und Käufer,
— Existenz alternativer Waren oder Bezugsquellen,
— Kennen oder Kennenmüssen des Käufers von Bestehen und Umfang der Klauseln,
— voraussehbare Praktikabilität der Klauseln,
— Spezialanfertigung nach Wünschen des Kunden.

Bei reinen Handelskäufen können — abgesehen von Geschäften mit Beteiligung wirtschaftlich schwacher Vertragspartner — die Garantien bezüglich Qualität und Gebrauchsfähigkeit der Waren zu einem festgelegten Zweck nach wie vor abbedungen werden.

In gewissem Umfang wird der Schutz des Käufers auch auf den internationalen Kauf ausgedehnt[85]. Zwar gelten die gesetzlichen Beschränkungen gemäß s. 61 (6) S.G.A. 1973 nicht für den „echten" internationalen Kauf. Auf der anderen Seite verhindert jedoch s. 55 A S.G.A. 1973, daß Inlandsgeschäfte durch die Wahl einer ausländischen Rechtsordnung als Wirkungsstatut in „unechte" internationale Käufe umgewandelt und so die gesetzlichen Schutzvorschriften umgangen werden[86].

Für Abzahlungsgeschäfte gilt an sich nicht das Kaufgesetz, sondern ein Spezialgesetz, der Hire-Purchase Act 1965. Durch den S.G.A. 1973 sind jedoch die nach dem Hire-Purchase Act kraft Gesetzes geltenden Bestimmungen über Rechts- und Sachmängel aufgehoben und durch Vorschriften ersetzt worden, die im großen und ganzen den für Kaufgeschäfte geltenden entsprechen, s. 8 - 11 S.G.A. Im Unterschied zu den Kaufgeschäften können aber auch bei internationalen Abzahlungsgeschäften die Vorschriften über marktgängige Qualität und Gebrauchsfähigkeit der Ware zu einem bestimmten Zweck nicht abgeändert werden.

3. Fair Trading Act 1973

Allein durch gesetzliche Bestimmungen, die die Rechtsposition des Kunden gegenüber unbilligen Haftungsausschlüssen zwingend festlegen, kann kein ausreichender Schutz erreicht werden. Denn auch das

[85] Graupner/Hampton, S. 578.

[86] Thieme/Mitscherlich (S. 174, Fußn. 9) äußern die Befürchtung, aus dieser Bestimmung könnten sich erhebliche Schwierigkeiten ergeben, da im Gesetz weder der Inlandskauf noch der internationale Kauf definiert seien. Zwar sind tatsächlich in dieser Frage einige Schwierigkeiten vorauszusehen (siehe hierzu den von Thieme/Mitscherlich zitierten Aufsatz von Hall, I. C. L. Q. 22 [1973], 740 ff.), aber nicht, weil eine gesetzliche Definition fehlt, sondern wegen der in s. 7 (1) gegebenen Definition.

neue Kaufgesetz kann die Aufnahme nichtiger Abreden in einen Vertrag nicht verhindern. Solche Abreden entfalten häufig die vom Aufsteller bezweckten Wirkungen, obgleich sie rechtlich irrelevant sind, da der Kunde oft seine Rechte nicht kennt oder ihm die Mittel fehlen, sie gerichtlich durchzusetzen[87].

Hier versucht der Fair Trading Act 1973[88] Abhilfe zu schaffen. Er sieht die Einrichtung einer neuen Behörde, des Director General of Fair Trading[89] vor. Hinsichtlich der Möglichkeit des Einschreitens gegen unbillige Freizeichnungsklauseln stehen dieser Behörde verschiedene Befugnisse zu. Stellt sie fest, daß bestimmte grob unbillige Freizeichnungsklauseln[90] im Verkehr mit Verbrauchern verwandt werden, so kann sie den Verbraucherschutzrat (Consumer Protection Advisory Committee: Eine ebenfalls neu einzurichtende Behörde) davon in Kenntnis setzen. Ist auch der Verbraucherschutzrat der Meinung, die ihm vorgelegten Klauseln seien grob unbillig, so verfaßt er seinerseits einen Report, den er dem Staatssekretär für Handel und Industrie mit der Empfehlung vorlegt, im Wege der Gesetzgebung gegen diesen Mißstand einzuschreiten.

Der Director General of Fair Trading kann aber auch unmittelbar gegen Personen oder Gesellschaften vorgehen, die ihren Geschäften grob unbillige Bedingungen zugrundelegen, und wenn er von ihnen keine glaubhafte Versicherung erhält, daß sie den Mißbrauch abstellen werden, ein Verfahren vor dem Restrictive Practices Court einleiten.

---

[87] Vgl. Turpin, S. 208: "... these may operate in terrorem against purchasers ..."

[88] Vgl. Korak, S. 305 ff.; Benjamin/Reynolds, § 1029; Chitty/Guest, 5th Supplement, § 763 a; siehe auch Kötz, S. 89.

[89] Zu dessen Funktionen ausführlich Korak, S. 305 ff.

[90] "so adverse to consumers as to be inequitable."

Zweiter Teil

Haftungsausschlußklauseln in deutsch-englischen Verträgen

A. Gang der Untersuchung

Nachdem im ersten Teil der Untersuchung dargelegt worden ist, unter welchen Voraussetzungen Haftungsausschlußklauseln nach englischem materiellen Recht zum Inhalt eines Vertrages werden, wie sie ausgelegt und inhaltlich kontrolliert werden, soll nunmehr in einem zweiten Teil der Arbeit erörtert werden, nach welchem Recht Haftungsausschlußklauseln in deutsch-englischen Verträgen zu beurteilen sind.

Unter deutsch-englischen Verträgen sind privatrechtliche Verträge zwischen deutschen und englischen privaten Vertragsparteien zu verstehen. Entscheidend ist dabei allerdings nicht die unterschiedliche Staatsangehörigkeit der Vertragspartner; denn die Anknüpfung an die Staatsangehörigkeit empfiehlt sich nur in Fragen, die eine Person privat nahe angehen, also im Personen-, Familien- und Erbrecht. Dagegen ist in geschäftlichen Dingen, d. h. vor allem im Schuldvertragsrecht, an das Recht der geschäftlichen Umwelt anzuknüpfen. Das ist bei natürlichen Personen das Recht des gewöhnlichen Aufenthalts, bei Gewerbetreibenden für Geschäfte, die sie im Rahmen ihrer beruflichen Tätigkeit abschließen, das Recht des Geschäftssitzes, bei nicht rechtsfähigen Handelsgesellschaften und juristischen Personen das Recht des Sitzes ihrer (Haupt-)Verwaltung[1].

Bei solchen Verträgen, die Beziehungen zu mehreren, mindestens aber zwei (nämlich der deutschen und der englischen) Rechtsordnungen aufweisen, stellt sich die Frage, welches Recht auf sie zur Anwendung kommt. Diese Frage wird, wie der oben auf S. 13 geschilderte Fall bereits deutlich gemacht hat, vornehmlich dann relevant, wenn die mit dem Sachverhalt verknüpften Rechtsordnungen unterschiedliche mate-

---

[1] Vgl. Kegel, Bankgeschäfte, S. 216; siehe hierzu auch Ebsen/Jayme in: AWD 1972, 301; Ferid, Auslandsverträge, S. 25 f.; auch das Einheitliche Gesetz über den internationalen Kauf beweglicher Sachen (BGBl. 1973 I S. 856) stellt in der Definition des internationalen Kaufs in Art. 1 darauf ab, ob die Parteien ihre Niederlassung im Gebiet verschiedener Staaten haben. Bei Fehlen einer Niederlassung ist der gewöhnliche Aufenthalt maßgebend. Die Staatsangehörigkeit der Parteien bleibt außer Betracht.

rielle Regeln zur Beilegung des zu entscheidenden Konflikts bereithalten.

Die sich hieraus ergebenden Probleme lassen sich im internationalen Rechtsverkehr einmal dadurch lösen, daß die beteiligten Staaten übereinstimmendes Recht für diese internationalen Tatbestände vereinbaren. Solches einheitliches Sachrecht besteht hinsichtlich der Regelung von Haftungsausschlußklauseln zwischen Großbritannien und der Bundesrepublik Deutschland nur auf dem Gebiet des Kaufrechts. Sowohl in Großbritannien als auch in der Bundesrepublik gelten das Einheitliche Gesetz über den internationalen Kauf beweglicher Sachen[2] sowie das Einheitliche Gesetz über den Abschluß von internationalen Kaufverträgen über bewegliche Sachen[3] (B). Diese Gesetze spielen jedoch im Verhältnis zu Großbritannien keine entscheidende Rolle, da Großbritannien bei der Ratifikation der Übereinkommen den Vorbehalt nach Art. V des Kaufübereinkommens erklärt hat: Macht ein Staat von der in Art. V niedergelegten Vorbehaltsmöglichkeit Gebrauch, so wird das Einheitliche Kaufgesetz von seinen Gerichten nur angewandt, wenn die Parteien die Geltung dieses Gesetzes für ihren Vertrag vereinbart haben; ferner bleiben zwingende Normen des ansonsten anwendbaren nationalen Rechts von dieser Vereinbarung unberührt[4]. Schließlich besteht in der deutschen Praxis die Übung, die Geltung des EKG durch aGB auszuschließen.

Da eine Rechtsvereinheitlichung auf dem Gebiet der Haftungsausschlußklauseln zwischen Deutschland und England also nur in ganz geringem Ausmaß verwirklicht worden ist, steht für deutsch-englische Verträge weiterhin die Frage im Vordergrund, welche nationale Rechtsordnung maßgebend ist. Diese Frage zu beantworten, ist Aufgabe des IPR. Da Haftungsausschlußklauseln im deutschen wie im englischen Recht als Vertragsbedingungen qualifiziert werden[5], unterliegen sie den Regeln des internationalen Vertragsrechts. Wie bei Verträgen überhaupt ist daher auch bei Verträgen auf der Grundlage von Freizeichnungsklauseln zwischen der Anknüpfung des Vertragsschlusses (C) und der Vertragswirkungen (D) zu differenzieren. Die Vereinbarung, Haftungsausschlußklauseln in den Vertrag einzubeziehen, folgt als Teil des Ent-

---

[2] Gesetz vom 17. 7. 1973, BGBl. I 856, in Kraft getreten am 16. 4. 1974.

[3] Gesetz vom 17. 7. 1973, BGBl. I 868, in Kraft getreten am 16. 4. 1974.

[4] Eine dem Art. V des Kaufübereinkommens entsprechende Vorbehaltsmöglichkeit ist im Übereinkommen über den Abschluß von internationalen Kaufverträgen nicht enthalten. Gelten aber für einen Staat (wie hier für Großbritannien) beide Abkommen, dann ist richtiger Ansicht nach davon auszugehen, daß der Vorbehalt des Art. V des Kaufübereinkommens über Art. I des Kaufabschlußübereinkommens auch den Anwendungsbereich des Abschlußgesetzes einschränkt. Vgl. dazu Landfermann, S. 387, Fußn. 19; Mertens/Rehbinder, Art. 1 EAG, Anm. 6.

[5] Siehe o. 1. Teil A.

stehungstatbestandes des Vertrages[6] dem Abschlußstatut, die Regeln über Auslegung und Inhaltskontrolle unterliegen wie bei den sonstigen Vertragsbedingungen dem Wirkungsstatut.

Hinsichtlich der Anknüpfung des Vertragsschlusses besteht heute weitgehend Einigkeit darüber, daß in erster Linie das hypothetische Vertragsstatut maßgebend ist, daneben aber für die Bewertung des Verhaltens der Parteien als rechtsgeschäftliche Erklärung das ihnen vertraute Recht ihrer (geschäftlichen) Umwelt in Betracht zu ziehen ist[7]. Umstritten ist lediglich, in welchem Umfang das dem Erklärenden vertraute Recht berücksichtigt werden muß. Hier ist zu prüfen, ob sich für Verträge auf der Grundlage von Haftungsausschlußklauseln eine Differenzierung nach Art der beteiligten Personen oder nach Geschäftstypen in der Weise empfiehlt, daß das Umweltrecht der Erklärenden nur bei den Verträgen eine Rolle spielt, die üblicherweise ohne Zugrundelegung von Freizeichnungsklauseln abgeschlossen werden und auch nur dann, wenn es sich bei dem Erklärenden um eine Privatperson und nicht um einen Kaufmann handelt.

Soweit deutsches materielles Recht auf den Vertragsschluß zur Anwendung kommt, wäre weiter zu überlegen, ob der Ausländer dem Inländer völlig gleichgestellt werden oder für ihn besondere Regeln gelten sollen. Dabei lassen sich für die inhaltliche Ausgestaltung solcher (fremdenrechtlicher) Sonderregeln ausländische Normen als „data" (Ehrenzweig) im Rahmen inländischer Sachnormen heranziehen.

Bei der Ermittlung des Wirkungsstatuts muß überlegt werden, inwieweit die rechtliche Sonderbehandlung, die aGB gegenüber individuell ausgehandelten Vertragsbedingungen erfahren, auch im Kollisionsrecht von Bedeutung ist. Bisher wurde — von wenigen Ausnahmen abgesehen — allgemein die Ansicht vertreten, der Schutz der schwächeren Partei vor einem Machtmißbrauch des stärkeren Vertragspartners sei ausschließlich eine Angelegenheit des materiellen Rechts[8]. Es ist das Verdienst Ehrenzweigs, als erster darauf hingewiesen

---

[6] Der Abschluß des Vertrages und die Vereinbarung der Geltung von Haftungsausschlußklauseln bilden ein einheitliches Rechtsgeschäft, die Einbeziehungsvereinbarung ist kein selbständig neben dem jeweils geschlossenen Einzelvertrag stehendes Rechtsgeschäft; vgl. hierzu Schmidt-Salzer, Geschäfts- und Versicherungsbedingungen, S. 111; Fikentscher, Schuldrecht, S. 93; Lukes, Grundprobleme, S. 305.

[7] Kegel, Lehrbuch, S. 242, 257; Raape, IPR, S. 494 f.; Soergel/Kegel, Vorbem. zu Art. 7 EGBGB, Rdnr. 197; Lorenz, Konsensprobleme, S. 215. Dieser Grundsatz wird seit einigen Jahren auch in der Rechtsprechung anerkannt, vgl. BGH 22. 9 1971, AWD 1971, 589 f.; LG Mainz 10. 12. 1971, AWD 1972, 298 f.; OLG Nürnberg 11. 10. 1973, AWD 1974, 405 f.

[8] Kegel, Lehrbuch, S. 235 f.; Ferid, IPR, Rdnr. 6 - 21; v. Hoffmann, Schutz des Schwächeren, S. 400.

zu haben[9], daß dieser Satz zumindest in dieser allgemeinen Form für Verträge auf der Grundlage allgemeiner Geschäftsbedingungen nicht aufrecht erhalten werden kann. Vielmehr ist bei solchen Verträgen der Gedanke des Schutzes der schwächeren Partei auch bei der Feststellung des anwendbaren Rechts in Betracht zu ziehen. Methodisch bieten sich hierfür verschiedene Wege an; insbesondere wird vorgeschlagen, zwingende Vorschriften außerhalb des Vertragsstatuts mit Hilfe einer Sonderanknüpfung zu berücksichtigen[10] oder bei Verträgen, die eine Privatperson mit einem Vollkaufmann abschließt, dem Schutz des wirtschaftlich unterlegenen Privatmanns bei der Ermittlung des Vertragsstatuts ausschlaggebende Bedeutung beizumessen[11].

Schließlich sollen die praktischen Ergebnisse dieser Überlegungen für deutsch-englische Verträge auf der Grundlage von Haftungsausschlußklauseln aufgezeigt werden (E).

B. Einbeziehung, Auslegung und Inhaltskontrolle von Haftungsausschlußklauseln nach den Haager Kaufrechtsabkommen

I. Anwendungsbereich

Seit dem 16. 4. 1974 gelten in der Bundesrepublik Deutschland für internationale Kaufverträge das Haager Einheitliche Kaufgesetz (EKG) und das Haager Einheitliche Kaufabschlußgesetz (EAG).

Die sachlichen Voraussetzungen für die Anwendung des EKG sind in den Art. 1, 5 und 6 des Gesetzes enthalten. Danach gilt das Gesetz für internationale Kaufverträge, denen in Art. 6 Werklieferungsverträge gleichgestellt werden. Nach der in Art. 1 enthaltenen Definition liegt ein internationales Kaufgeschäft vor, wenn die Vertragspartner ihre Niederlassung (Art. 1 Abs. 1) oder ihren gewöhnlichen Aufenthalt (Art. 1 Abs. 2) in verschiedenen Vertragsstaaten[1] haben und daneben eine der drei folgenden Voraussetzungen erfüllt ist:

— Die Parteien haben die Beförderung des Kaufgegenstandes von einem Staat in einen anderen vereinbart (Art. 1 Abs. 1 a);

---

[9] Adhesion Contracts in the Conflict of Laws, in: Col. L. Rev. 1953, 1072 ff.

[10] So z. B. v. Hoffmann, Schutz des Schwächeren, S. 400 ff.; Rehbinder, Politisierung, S. 156.

[11] So Lando, EC Draft Convention, S. 35 f.; Siehr, S. 576.

[1] Die Beschränkung auf die Vertragsstaaten ergibt sich daraus, daß die Bundesrepublik Deutschland den Vorbehalt nach Art. III des Kaufübereinkommens erklärt hat. Im Verhältnis zu Großbritannien hat diese Beschränkung keine Folge, da Großbritannien das Haager Übereinkommen ratifiziert hat.

— Angebot und Annahme sind in verschiedenen Staaten erklärt worden (Art. 1 Abs. 1 b) oder

— die Lieferung der Kaufsache soll in einem anderen Staat erfolgen als in dem, in dem Angebot und Annahme erklärt worden sind (Art. 1 Abs. 1 c).

Von großer Bedeutung ist — gerade im Zusammenhang mit aGB — die Möglichkeit, die Anwendung des EKG abzubedingen. Nach Art. 3 EKG steht es den Vertragspartnern frei, die Anwendung des Gesetzes ganz oder zum Teil, ausdrücklich oder stillschweigend auszuschließen[2]. Der Ausschluß kann einmal in der Weise erfolgen, daß die Parteien die Geltung eines anderen Rechts für ihren Vertrag vereinbaren[3]. Die Parteien können das EKG aber auch ausschließen, indem sie Vertragsbestimmungen vereinbaren, die erkennbar auf einer bestimmten nationalen Rechtsordnung beruhen[4].

Wird beispielsweise ein deutsch-englischer Kaufvertrag auf der Grundlage allgemeiner Geschäftsbedingungen abgeschlossen, die eindeutig vom deutschen Recht geprägt sind, so wird man darin einen stillschweigenden Ausschluß des EKG sehen müssen. Allerdings ist in einem solchen Fall sorgfältig zu prüfen, ob mit der Vereinbarung der Geschäftsbedingungen das EKG insgesamt abbedungen werden sollte oder nur ein Ausschluß einzelner Bestimmungen gewollt war. Wird durch die aGB die Regelung des EKG nur teilweise ausgeschlossen oder geändert, so kann man regelmäßig davon ausgehen, daß im übrigen die Bestimmungen des EKG für den Vertrag maßgebend bleiben sollen[5].

---

[2] Diese weitgehende Ausschlußmöglichkeit ist auf Wunsch der deutschen Regierungsdelegation in das Gesetz aufgenommen worden, vgl. Stumpf, S. 305.

[3] Hier können Probleme auftauchen, wenn die Parteien das Recht eines Vertragsstaates wählen. In diesem Fall ist nämlich zweifelhaft, ob damit die Geltung des Einheitlichen Gesetzes ausgeschlossen ist. Da das EKG einen Bestandteil der Rechtsprechung der Vertragsstaaten bildet, wird man im Zweifel davon ausgehen müssen, daß durch die Rechtswahl die Anwendung des EKG nicht ausgeschlossen werden sollte. Vgl. Zweigert/Drobnig, S. 162; Graveson/Cohn/Graveson, S. 25; Stötter, Art. 3 Anm. 2 c; Landfermann, S. 389; a. A. Mertens/Rehbinder, Art. 3 EKG Anm. 9. Das ist z. B. bei der Wahl deutschen Rechts als Vertragsstatut anzunehmen. Etwas anderes gilt allerdings dann, wenn der Vertragsstaat, dessen Recht die Parteien gewählt haben, den Vorbehalt nach Art. V des Kaufübereinkommens erklärt hat. Vereinbart daher ein Engländer mit seinem deutschen Geschäftspartner die Geltung englischen Rechts für den Vertrag, so ist damit die Anwendbarkeit des EKG ausgeschlossen. Vgl. Graveson/Cohn/Graveson, S. 25; Landfermann, S. 390; Stötter, Art. 3 EKG Anm. 2 c.

[4] Vgl. Mertens/Rehbinder, Art. 3 EKG Anm. 10; Dölle, Bemerkungen, S. 141; Landfermann, S. 390; Graveson/Cohn/Graveson, S. 52; a. A. Stötter, Art. 3 EKG Anm. 2 d.

[5] Vgl. Mertens/Rehbinder, Art. 3 EKG Anm. 10; a. A. Dölle, Einheitliches Kaufgesetz, S. 440; Graveson/Cohn/Graveson, S. 20, 23. Meiner Meinung nach

Der Anwendungsbereich des EAG entspricht dem des EKG: Nach Art. 1 EAG ist das Gesetz auf den Abschluß von Kaufverträgen anzuwenden, für die im Falle ihres Zustandekommens das EKG gelten würde. Obwohl im Gesetz nicht ausdrücklich gesagt, läßt sich aus Art. 2 EAG entnehmen, daß es auch hier den Parteien freisteht, die Anwendbarkeit des EAG ganz oder teilweise auszuschließen[6]. Insbesondere bleibt es ihnen unbenommen, in den von ihnen verwendeten aGB eine Regelung für das Zustandekommen des Vertrages zu treffen. Ein typisches Beispiel für eine solche Regelung enthalten die ECE-Bedingungen (Allgemeine Lieferbedingungen für den Export von Anlagegütern)[7, 8].

Infolge der Abhängigkeit des EAG von der Anwendbarkeit des EKG wirkt sich ein Ausschluß des EKG durch die Parteien auch auf die Geltung des Kaufabschlußgesetzes aus: Haben die Vertragspartner die Geltung des EKG abbedungen, so entfällt damit die Anwendbarkeit des EAG. Ein teilweiser Ausschluß des Kaufgesetzes läßt dagegen den Geltungsbereich des Kaufabschlußgesetzes unberührt, da es sich insoweit noch um einen Vertrag handelt, der zumindest teilweise den Normen des EKG unterliegt und eine Aufteilung des Vertragsschlusses in Elemente, die der Geltung des EAG unterliegen und solche, die ihr nicht unterliegen, nicht praktikabel ist[9]. Daher richtet sich der Abschluß von Verträgen, in denen mit Hilfe von Freizeichnungsklauseln die Haftung abweichend von der im EKG vorgesehenen Regelung gestaltet ist, im Regelfall ungeachtet des teilweisen Ausschlusses des EKG nach dem Kaufabschlußgesetz.

---

ist die Ansicht von Mertens/Rehbinder zutreffend. Das EKG ist nicht vollständig durchnormiert und daher auf eine Ergänzung durch Parteivereinbarung angewiesen. Das gilt insbesondere für den Bereich der Haftung des Schuldners. Hier sieht das EKG in den Art. 74, 82 und 86 vor, daß die Verantwortlichkeit des Schuldners sowie die Grenzen seiner Haftung durch Vereinbarung der Parteien festgelegt wird, vgl. Tiling, S. 280. Nehmen die Parteien eine entsprechende Abrede in den Vertrag auf, so kann daraus nicht ohne weiteres auf ihren Willen geschlossen werden, den Vertrag insoweit nationalem Recht zu unterstellen. Im Zweifel ist vielmehr anzunehmen, daß eine bloße Abänderung des EKG im Rahmen des materiellen Rechts beabsichtigt war.

[6] Vgl. Mertens/Rehbinder, Art. 1 EKG Anm. 9; Landfermann, S. 389.

[7] Die Rücksicht auf diese Bedingungen hat bei den Beratungen zu Art. 2 EAG in der Haager Konferenz eine große Rolle gespielt, vgl. hierzu v. Caemmerer, Haager Konferenz, S. 112.

[8] Zu der in den ECE-Bedingungen vorgesehenen Regelung des Vertragsabschlusses vgl. Ferid, Allgemeine Lieferungsbedingungen, S. 13 ff.

[9] Vgl. Mertens/Rehbinder, Art. 1 EAG Anm. 11.

II. Regelung der Einheitlichen Kaufgesetze

1. Einbeziehung von Haftungsausschlußklauseln

Soweit nach dem oben Gesagten das Kaufabschlußgesetz auf deutsch-englische Verträge Anwendung findet, gelten für die Einbeziehung von Haftungsausschlußklauseln in diese Verträge folgende Regeln:

Als Vertragsbedingungen werden Haftungsausschlußklauseln nur wirksam, wenn sie von den Parteien vertraglich vereinbart werden. Nach dem Kaufabschlußgesetz kommt ein Vertrag durch die Annahme eines Angebotes zustande[10]. Im Angebot müssen alle Bestimmungen enthalten sein, die zum Inhalt des Vertrages werden sollen. Daher muß der Unternehmer, der dem Vertrag seine Freizeichnungsklauseln zugrunde legen will, diese in sein Angebot einbeziehen. Für die Frage, ob die Klauseln im Angebot enthalten waren, kommt es darauf an, wie der Empfänger die Offerte vernünftigerweise verstehen mußte[11]. Daher ist zu prüfen, welche Mindestvoraussetzungen erfüllt sein müssen, damit der Empfänger erkennen kann und muß, daß das Angebot Haftungsausschlußklauseln umfaßt.

Diese Frage ist im Kaufabschlußgesetz nicht geregelt. Zu ihrer Entscheidung ist nicht etwa auf das jeweilige nationale Recht des mit der Sache befaßten Richters zurückzugreifen, sondern mit Hilfe der rechtsvergleichenden Methode festzustellen, inwieweit die nationalen Rechte der Signatarstaaten vergleichbare Grundsätze zur Lösung des Problems entwickelt haben[12].

---

[10] Das steht zwar nicht ausdrücklich im Gesetz, läßt sich aber aus den Bestimmungen über Angebot und Annahme entnehmen.

[11] Das EAG enthält keine umfassende Regelung der Auslegung von Willenserklärungen, insbesondere legt es nicht ausdrücklich fest, ob für die Auslegung die vom Erklärenden gemeinte (subjektive Auslegung) oder die vom Empfänger zu verstehende Bedeutung (objektive Auslegung) entscheidend ist. Die in Art. 4 II EAG enthaltenen Einzelregelungen lassen sich richtiger Ansicht nach jedoch dahin verallgemeinern, daß Willenserklärungen objektiv, d. h. mit Rücksicht auf die Verständnismöglichkeit des Empfängers, auszulegen sind, vgl. Mertens/Rehbinder, Art. 4 EAG Anm. 8.

[12] Die Frage der Lückenfüllung ist im Kaufabschlußgesetz nicht ausdrücklich geregelt, Art. 1 Halbs. 2 des Entwurfs von 1958, der eine dem Art. 17 EKG entsprechende Regelung enthielt, wurde bei den Beratungen 1964 in Den Haag gestrichen. Das ist wohl darauf zurückzuführen, daß eine solche Vorschrift im Rahmen eines Gesetzes von so geringer Tragweite als überflüssig angesehen wurde, vgl. v. Caemmerer, Haager Konferenz, S. 111. Aus der Streichung dieses Passus darf aber nicht der Schluß gezogen werden, Fragen der Auslegung und Lückenfüllung seien nunmehr nach nationalem Recht zu entscheiden. Richtiger Ansicht nach ist sachlich ebenso wie im Rahmen des EKG zu entscheiden, d. h. das Kaufabschlußgesetz ist zunächst aus sich selbst heraus auszulegen und zu ergänzen. Soweit das nicht möglich ist, sollte man auf die rechtsvergleichende Methode zurückgreifen und mit ihrer Hilfe (subsidiäres) Gemeinschaftsrecht aus den den nationalen Rechts-

Insoweit läßt sich folgendes feststellen: Weitgehend scheint Übereinstimmung darüber zu bestehen, daß Haftungsausschlußklauseln nur dann zum Inhalt des Angebotes werden, wenn der Unternehmer auf ihre Geltung für den Vertrag hinweist und für den Kunden die Möglichkeit der Kenntnisnahme besteht[13]. Auf die tatsächliche inhaltliche Kenntnisnahme kommt es nicht an[14]. Liegt keine Bezugnahme des Unternehmers auf seine Bedingungen vor, so werden sie dennoch zum Vertragsinhalt, vorausgesetzt, es ergibt sich aus einer laufenden Geschäftsverbindung eine entsprechende Gepflogenheit der Parteien[15].

Die deutsche Regel, wonach branchenübliche aGB auch ohne Hinweis des Klauselverwenders in einen Vertrag einbezogen werden[16], ist nicht mit dem Kaufabschlußgesetz vereinbar, da nicht davon ausgegangen werden kann, daß die Verfasser des Gesetzes derart von der dem Gesetz zugrundeliegenden Rechtsgeschäftslehre abweichen wollten[17].

2. *Auslegung von Haftungsausschlußklauseln*

Für die Auslegung internationaler Kaufverträge kommt es entscheidend darauf an, ob die Parteien durch die Vereinbarung von Haftungsausschlußklauseln das Kaufgesetz mit kollisionsrechtlicher Wirkung (völlig oder teilweise) ausschließen wollten oder ob sie lediglich eine materiellrechtiche Modifizierung des Gesetzes angestrebt haben. Im ersteren Fall entfällt mit dem Ausschluß des Kaufgesetzes auch die Anwendbarkeit von dessen Art. 2, der den Ausschluß des IPR bestimmt, mit der Folge, daß das IPR wieder auflebt. Die Auslegung der

---

ordnungen gemeinsamen Grundsätzen entwickeln. Ausführlich zu diesen Fragen: Mertens/Rehbinder, Art. 1 EAG Anm. 17; Art. 17 EKG Anm. 24; Dölle, Bemerkungen, S. 145 ff.; Bayer, S. 639; v. Caemmerer, Rechtsvereinheitlichung, S. 79 f.; Kropholler, S. 380 ff.; Riese, Gerichtsbarkeit, S. 608; Zweigert/Drobnig, S. 150.

[13] England: siehe o. 1. Teil B II 2; Deutschland: vgl. statt aller Schmidt-Salzer, Allgemeine Geschäftsbedingungen, Rdnr. 29 ff.; Niederlande: vgl. Neumayer, Niederländisches Recht, S. 734; Italien: vgl. Neumayer, Italien, S. 53 ff. Zu beachten ist allerdings, daß gemäß Art. 1341 II c. c. sog. lästige Klauseln (clausole onerose, clausole vessatorie), zu denen auch die Haftungsausschlußklauseln gehören, einer besonderen schriftlichen Vereinbarung bedürfen. Eine solche Formvorschrift kennen die nationalen Rechtsordnungen der anderen Signatarstaaten nicht.

[14] England: siehe o. 1. Teil B II 2 c; Deutschland: vgl. Schmidt-Salzer, Allgemeine Geschäftsbedingungen, Rdnr. 30 ff.; Emmerich, Problematik, S. 365; Niederlande: Neumayer, Niederländisches Recht, S. 733; Italien: Neumayer, Italien, S. 56.

[15] England: siehe o. 1. Teil B II 3; Deutschland: vgl. Schmidt-Salzer, Allgemeine Geschäftsbedingungen, Rdnr. 75 ff.; Niederlande: vgl. Neumayer, Niederländisches Recht, S. 737; Italien: vgl. Neumayer, Italien, S. 56.

[16] Vgl. Palandt/Heinrichs, Einf. vor § 145 Anm. 6 B d ff; Stoll, S. 17.

[17] Vgl. Mertens/Rehbinder, Art. 4 EAG Anm. 18.

Haftungsausschlußklauseln richtet sich dann nach dem vom IPR für maßgeblich erklärten nationalen Recht[18]. Im zweiten Fall gelten für die Auslegung die Regeln des Kaufgesetzes[19]. Nach dessen Art. 9 III richtet sich die Auslegung handelsüblicher Ausdrücke, Klauseln oder Formulare nach dem Sinn, den ihnen die beteiligten Handelskreise üblicherweise beilegen. Soweit sich kein einheitliches Verständnis im Benutzerkreis feststellen läßt, ist nicht ohne weiteres auf nationales Recht zurückzugreifen, vielmehr ist diese Lücke nach Art. 17 EKG auszufüllen[20]. Danach können nationale Auslegungsregeln nur insoweit herangezogen werden, als sie einem gemeinsamen Standard der Rechtsordnungen der Signatarstaaten entsprechen.

Die für die Auslegung von Freizeichnungsklauseln geltenden Rechtssätze stimmen in den Vertragsstaaten weitgehend überein. So gilt beispielsweise die sog. Unklarkeitenregel, wonach Unklarheiten in der Formulierung der Klauseln zu Lasten des Aufstellers gehen, in England (contra proferentem rule)[21], Deutschland[22], Italien[23] und den Niederlanden[24]. Ferner gilt der Grundsatz, daß Individualvereinbarungen Vorrang vor Standardbedingungen haben, in den genannten Staaten[25].

3. Inhaltskontrolle von Haftungsausschlußklauseln

Nach Art. 8 EKG bezieht sich das Kaufgesetz nicht auf die Gültigkeit von Kaufverträgen und der in ihnen enthaltenen Bestimmungen. Im Kaufgesetz ist also die Frage der Inhaltskontrolle von Haftungsaus-

---

18 Vgl. Mertens/Rehbinder, Art. 9 EKG Anm. 29; Art. 17 EKG Anm. 29; zu der Frage, welchem Recht die Auslegung von Verträgen und Formularbedingungen untersteht, vgl. BGH 16. 6. 1969, AWD 1969, 415; v. Hoffmann, Auslegung, S. 247 ff.

19 Das ist allerdings nicht unbestritten. Die überwiegende Meinung geht davon aus, daß jede im Vertrag enthaltene Abweichung von den Vorschriften des Kaufgesetzes dessen Ausschluß bewirkt, so daß das IPR wieder zur Anwendung kommt (vgl. Dölle, Einheitliches Kaufgesetz, S. 440; Graveson/Cohn/Graveson, S. 20, 23). Demgegenüber weisen Mertens/Rehbinder, Art. 3 EKG Anm. 17; Art. 9 EKG Anm. 29 meines Erachtens zu Recht darauf hin, daß die Autoren des EKG bewußt auf eine vollständige Durchnormierung des Rechts des internationalen Kaufs verzichtet haben. Das Gesetz ist daher auf eine Ergänzung seiner Regelungen durch Parteivereinbarung ausgerichtet. Solche Ergänzungen und Konkretisierungen können folglich nicht in jedem Fall nationalem Recht unterliegen. Zudem spricht für diese Auffassung, daß die Regelung des Art. 9 Abs. 3 EKG bei einer anderen Interpretation des Art. 3 EKG unverständlich wäre.

20 Zur Methodik der Lückenfüllung nach Art. 17 EKG siehe o. 2. Teil B II 1 Fußn. 12.

21 Vgl. o. 1. Teil C II 3.

22 Vgl. Schmidt-Salzer, Geschäfts- und Versicherungsbedingungen, S. 197 ff.

23 Geregelt in Art. 1370 c. c.

24 Vgl. Neumayer, Niederländisches Recht, S. 744.

25 England: siehe o. 1. Teil C I; Deutschland: Schmidt-Salzer, Allgemeine Geschäftsbedingungen, Rdnr. 89 ff.; Italien: Neumayer, Italien, S. 64.

schlußklauseln nicht geregelt, das Gesetz überläßt insoweit die Entscheidung dem nationalen Recht[26]. Welche nationale Rechtsordnung anzuwendern ist, entscheidet sich nach Internationalem Privatrecht[27].

4. Zusammenfassung

Im Ergebnis läßt sich festhalten, daß die Einheitlichen Haager Kaufgesetze zur Klärung der Probleme von Haftungsausschlußklauseln in deutsch-englischen Verträgen wenig beitragen. Denn

a) ist ihr Anwendungsbereich sehr eingeengt durch den von Großbritannien erklärten Vorbehalt nach Art. V des Kaufübereinkommens,

b) beschränkt das Kaufgesetz selbst seinen Geltungsbereich hinsichtlich der Frage der Inhaltskontrolle von Haftungsausschlußklauseln,

c) räumen die Gesetze der Disposition der Parteien unbedingten Vorrang vor den gesetzlichen Regeln ein und

d) ist die in den Kaufgesetzen vorgesehene Regelung der Einbeziehung und Auslegung von Haftungsausschlußklauseln so lückenhaft, daß in allen Detailfragen auf gemeinsame Grundsätze der Rechtsordnungen der Signatarstaaten zurückgegriffen werden muß.

Die Schwierigkeiten, die die Ermittlung dieser gemeinsamen Prinzipien bereitet, liegen auf der Hand. Denn normalerweise wird einem mit einer solchen Frage konfrontierten Richter oder Anwalt nicht einmal die nötige Literatur zur Verfügung stehen, um sich einen Überblick über die Rechtsordnungen der Signatarstaaten oder gar aller Staaten zu verschaffen, die an der Haager Konferenz teilgenommen haben.

C. Einbeziehung von Haftungsausschlußklauseln in deutsch-englische Verträge nach internationalem Privatrecht

I. Das Problem

Soweit kein einheitliches Sachrecht besteht, muß mit Hilfe des internationalen Privatrechts entschieden werden, nach welcher Rechtsordnung die Wirksamkeit der Einbeziehung von Haftungsausschlußklauseln in einen Vertrag zu beurteilen ist. Die Probleme, die in diesem Zusammenhang auftreten, sollen zunächst an Hand eines Beispiels verdeutlicht werden:

---

[26] Vgl. Riese, Entwurf, S. 36; Tiling, S. 281.

[27] Die diesbezüglichen Regeln werden unten unter D behandelt.

Ein englischer Spediteur[1] beauftragte ein deutsches Speditionsunternehmen mit der Versendung von Waren innerhalb der Bundesrepublik. Später kam es zwischen den Parteien zu Streitigkeiten. Der deutsche Spediteur verklagte seinen englischen Vertragspartner vor dem Landgericht München. In dem folgenden Verfahren war die Frage der gültigen Einbeziehung der ADSp in den von den Parteien geschlossenen Vertrag von entscheidender Bedeutung. Der beklagte englische Spediteur bestritt die wirksame Übernahme der ADSp in den Vertrag unter Berufung auf die Grundsätze des englischen Rechts über die an eine Vereinbarung von Geschäftsbedingungen zu stellenden Anforderungen. Das Oberlandesgericht München (das über diesen Fall als Berufungsinstanz zu entscheiden hatte) ging demgegenüber davon aus, daß für die Frage der Inkorporation deutsches Recht maßgebend sei. Nach den im deutschen Recht entwickelten Regeln zur stillschweigenden Unterwerfung unter ADSp lag hier eine wirksame Einbeziehung vor.

Ein weiteres Beispiel für die hier auftretenden Schwierigkeiten bildet die in der Einleitung geschilderte Entscheidung des Landgerichts Mainz[2]. Auch in dem dort zu beurteilenden Fall war die gültige Einbeziehung der aGB umstritten. Nach englischem Recht, das eine nachträgliche Verweisung auf aGB in der Regel nicht anerkennt, waren die allgemeinen Zahlungs- und Lieferungsbedingungen der deutschen Firma nicht zum Inhalt des Vertrages geworden; nach den im deutschen Recht geltenden Grundsätzen zum Schweigen auf ein kaufmännisches Bestätigungsschreiben dagegen waren die Bedingungen wirksam vereinbart.

Diese Beispiele verdeutlichen den Ursprung der Schwierigkeiten: Sie sind in der unterschiedlichen Regelung der Einbeziehung von Haftungsausschlußklauseln im deutschen und im englischen Sachrecht begründet.

Zwar weisen die deutsche und die englische materiellrechtliche Regelung weitgehende Übereinstimmung auf. So werden Haftungsausschlußklauseln als Vertragsbedingungen im deutschen wie im englischen Recht grundsätzlich nur durch vertragliche Vereinbarungen rechtswirksam[3]. Eine solche Vereinbarung liegt vor, wenn die Freizeichnungsklauseln im Angebot des Unternehmers enthalten waren und der Kunde dieses Angebot vorbehaltlos akzeptiert hat. Ob der Klauselverwender im Einzelfall auf seine Bedingungen verwiesen hat, ist eine Frage der Aus-

---

[1] OLG München 9. 5. 1973, NJW 1973, 1560 f. Vgl. hierzu Hepting, S. 459 f.

[2] Siehe o. Einleitung.

[3] Für das englische Recht vgl. o. 1. Teil B I; für das deutsche Recht vgl. BGH 3. 2. 1953, BGHZ 9, 1/3; BGH 22. 1. 1954, BGHZ 12, 136/139; BGH 8. 7. 1955, BGHZ 18, 98/99; BGH 29. 9. 1960, BGHZ 33, 216/219; BGH 25. 10. 1966, VersR 1967, 63/64; BGH 22. 5. 1967, BGHZ 48, 35/40; Raiser, Recht der Allgemeinen Geschäftsbedingungen, S. 147; Enneccerus/Nipperdey I/2 S. 1007 f.; Larenz, Schuldrecht AT, S. 71; Staudinger/Coing Rdnr. 24 a vor § 145; Esser, S. 93; Flume, Rechtsgeschäft, S. 668; Lukes, Grundprobleme, S. 305; Emmerich, Problematik, S. 364; Bydlinski, S. 209; Schmidt-Salzer, Geschäfts- und Versicherungbedingungen, S. 111 ff.; ders., Allgemeine Geschäftsbedingungen, Rdnr. 23; Mroch, S. 8.

legung[4]. Danach bilden die Klauseln nur dann einen Teil des Angebots, wenn ein redlicher und verständiger Mensch in der Situation des Kunden die Erklärung des Unternehmers so verstehen mußte (sog. normative Auslegung)[5]. Hat der Kunde das Angebot angenommen, obschon er nach den genannten Kriterien hätte erkennen müssen, daß der Unternehmer zu seinen Bedingungen abschließen wollte, so ist seine Erklärung als Einverständnis mit diesen Klauseln zu werten, gleichgültig ob er sie kannte oder nicht[6]. Wie im englischen Recht wird also das „Wissenmüssen" des Kunden grundsätzlich an die Voraussetzung geknüpft, daß der Unternehmer bei Vertragsschluß auf seine aGB verweist. Die deutsche Rechtsprechung und ihr folgend die Lehre ist aber noch einen Schritt weiter gegangen und hat die Möglichkeit einer Bestimmung des Vertragsverhältnisses durch aGB auch ohne Hinweis seitens des Klauselverwenders anerkannt[7]. Zwar hält die Rechtsprechung daran fest, daß es stets einer Unterwerfung des Kunden unter die aGB bedarf[8]. Diese Unterwerfung kann aber auch stillschweigend erfolgen[9]; sie ist anzunehmen, wenn der Kunde wußte oder wissen mußte, daß der Unternehmer seinen Geschäften aGB zugrunde zu legen pflegt[10].

Es wird also entsprechend dem Bekanntheitsgrad der jeweiligen aGB differenziert[11]. Danach ist eine Verweisung auf die aGB nicht erforderlich, wenn sie branchenüblich sind und dies dem Kunden nach seiner geschäftlichen Erfahrung bekannt sein mußte[12]. Als branchenüblich hat die Rechtsprechung bisher die aGB den Banken[13] und der Versorgungs-

---

4 Vgl. Emmerich, Problematik, S. 364; Grunsky, S. 88 ff.

5 Zur Auslegung rechtsgeschäftlicher Erklärungen vgl. Larenz, BGB AT, S. 281 ff.; Säcker, S. 509 ff. m. w. Nachw.; Emmerich, Problematik, S. 364 f.

6 Vgl. Emmerich, Problematik, S. 365; Schmidt-Salzer, Allgemeine Geschäftsbedingungen, Rdnr. 30.

7 Vgl. BGH 19. 1. 1951, BGHZ 1, 83/86; BGH 10. 2. 1958, VersR 1958, 189/191; BGH 2. 2. 1970, WPM 1970, 632/633; OLG Hamburg 6. 1. 1953, MDR 1953, 301; OLG München 30. 11. 1966, VersR 1968, 365/366; OLG München 20. 2. 1968, DAR 1969, 129/130; LG Frankfurt 6. 7. 1956, MDR 1956, 616; LG Hamburg 14. 6. 1968, MDR 1968, 764, 765; LG Köln 20. 2. 1970, NJW 1970, 1750/1751; Götz, S. 143.

8 Vgl. BGH 19. 1. 1951, BGHZ 1, 83/86; BGH 5. 10. 1951, BGHZ 3, 200/203.

9 Vgl. BGH 3. 2. 1953, BGHZ 9, 1/3; BGH 22. 1. 1954, BGHZ 12, 136/139; BGH 8. 7. 1955, BGHZ 18, 98/99.

10 Vgl. BGH 3. 2. 1953, BGHZ 9, 1/6; BGH 8. 7. 1955, BGHZ 18, 98/99; BGH 29. 6. 1959, BB 1959, 826/827.

11 Vgl. Pleyer/Ungnade, Anm. zum Urteil des Bundesgerichtshofs vom 18. 6. 1971, NJW 1972, 681.

12 Vgl. BGH 19. 1. 1951, BGHZ 1, 83/86; BGH 5. 10. 1951, BGHZ 3, 200/203; BGH 22. 1. 1954, BGHZ 12, 142; OLG München 30. 11. 1966, VersR 1968, 365/366; Stoll, S. 17.

13 BGH 2. 2. 1970, WPM 1970, 632/633.

unternehmen[14], die Allgemeinen Spediteurbedingungen[15] und die Allgemeinen Versicherungsbedingungen[16] anerkannt[17].

Diese Ansicht ist teilweise auf Kritik gestoßen[18]. Auch die Mehrheit der Mitglieder der vom Bundesminister der Justiz eingesetzten Arbeitsgruppe zur Verbesserung des Verbraucherschutzes gegenüber allgemeinen Geschäftsbedingungen bezeichnet die von der Rechtsprechung angenommene Möglichkeit einer stillschweigenden Unterwerfung unter branchenübliche aGB als eine Fehlentwicklung, die in Zukunft vor allem im Bereich der Rechtsgeschäfte mit Letztverbrauchern ausgeschlossen werden sollte[19].

Zu diesem Zweck schlägt die Arbeitsgruppe im § 2 ihres Entwurfs eines Gesetzes zur Regelung des Rechts der Allgemeinen Geschäftsbedingungen vor, für eine gültige Einbeziehung von aGB stets eine ausdrückliche mündliche oder schriftliche Verweisung zu fordern[20]. Sollte dieser Vorschlag Gesetzeskraft erlangen, so wären auch in diesem Punkt die deutsche und die englische Regelung der Einbeziehung vergleichbar[21].

Die deutsche Rechtsprechung ist also in der Frage der Einbeziehung von Haftungsausschlußklauseln wesentlich großzügiger als die englische. Sie versucht jedoch, dieses Ergebnis insofern zu korrigieren, als sie nur solche Bedingungen als vereinbart gelten läßt, mit denen der Kunde billliger- und gerechterweise rechnen konnte[22].

Überraschende, ungewöhnliche, ihn besonders belastende Klauseln sollen von der Zustimmung des Kunden ausgenommen sein[23]. Diesen Weg hat die Rechtsprechung allerdings nicht sehr häufig beschritten,

---

14 BGH 25. 10. 1966, VersR 1967, 63/64.

15 OLG München 30. 11. 1966, VersR 1968, 365/366; so auch schon RG 26. 10. 1921, RGZ 103, 84/85.

16 RG 20. 10. 1936, JW 1937, 298.

17 Vgl. hierzu auch Palandt/Heinrichs Anm. 6 B d ff. zu § 145; Hildebrandt, Zulässigkeit, S. 327; Raiser, Recht der Allgemeinen Geschäftsbedingungen, S. 201 ff.

18 Vgl. Schmidt-Salzer, Geschäfts- und Versicherungsbedingungen, S. 132 ff.; ders., Allgemeine Geschäftsbedingungen, Rdnr. 39/40; Sonnenberger, S. 225; Biedenkopf, S. 123; Raiser, Gerichtliche Kontrolle, S. 169; Larenz, BGB AT, S. 292; ders., Schuldrecht AT, S. 71, Fußn. 3.

19 Vgl. Arbeitsgruppe beim BMdJ, Erster Teilbericht, S. 42.

20 Vgl. Arbeitsgruppe beim BMdJ, Erster Teilbericht, S. 25 und die Erläuterungen dazu auf S. 41 ff.

21 Das Gesetz zur Regelung der Allgemeinen Geschäftsbedingungen (AGB-Gesetz) vom 9. 12. 1976, BGBl. I 3317 ff., ist am 1. 4. 1977 in Kraft getreten. Nach § 2 dieses Gesetzes ist ein besonderer Hinweis auf die aGB sowie die Möglichkeit der Kenntnisnahme Voraussetzung für deren wirksame Einbeziehung.

22 Vgl. BGH 8. 3. 1955, BGHZ 17, 1/3; BGH 29. 9. 1960, BGHZ 33, 216/219.

23 Vgl. RG 26. 10. 1921, RGZ 103, 84/86.

überdies ist die Regel, soweit ersichtlich, noch nie tragender Grund einer Entscheidung gewesen.

Ein weiterer Unterschied zum englischen Recht besteht hinsichtlich der nachträglichen Einbeziehung von Freizeichnungsklauseln in den Vertrag. Zwar ist im deutschen wie im englischen Recht grundsätzlich eine einseitige nachträgliche Abänderung des Vertrages nicht möglich[24]. Eine nachträgliche Einbeziehung von Haftungsausschlußklauseln kann aber durch Vertragsänderung erfolgen, an die keine anderen Anforderungen gestellt werden, als an den Abschluß eines Vertrages[25]. Anders als im englischen Recht kennt das deutsche Recht kein der consideration vergleichbares Rechtsinstitut, so daß der Vereinbarung von Haftungsausschlußklauseln im Wege der Vertragsänderung die einseitige Begünstigung des Unternehmers nicht entgegensteht.

Besondere Bedeutung kommt der Möglichkeit der nachträglichen Einbeziehung von Haftungsausschlußklauseln im kaufmännischen Verkehr zu, da hier häufig zunächst nur über die wesentlichen Punkte eines Vertrages verhandelt und auf die Geltung der aGB und damit der Haftungsausschlußklauseln erst in einem dem Vertragsschluß folgenden Schreiben hingewiesen wird[26]. Widerspricht der Empfänger eines solchen Schreibens diesem nicht unverzüglich, so gilt nach allgemeiner Ansicht sein Schweigen als Zustimmung zu dessen Inhalt[27]. Als Einverständnis wird das Schweigen allerdings nur gewertet, wenn es sich bei dem Schreiben um ein sog. echtes kaufmännisches Bestätigungsschreiben handelt, was nur unter folgenden Voraussetzungen angenommen wird:

a) Es muß sich bei dem Schreiben um die Wiederholung und Zusammenfassung des Inhalts eines von den Parteien zuvor mündlich oder durch Briefwechsel ausgehandelten und entweder bereits geschlossenen oder doch als abschlußreif[28] betrachteten Vertrages handeln[29, 30]. Ein Bestätigungsschreiben liegt daher nicht vor, wenn eine in die Form einer Bestätigung gekleidete Annahme erklärt wird[31]. Weist der Absender einer solchen „Auftragsbestätigung" in ihr erstmalig auf seine aGB hin, so gilt dies nach § 150 Abs. 2 BGB

---

24 Vgl. Larenz, Schuldrecht AT, S. 79; Thieme/Mitscherlich, S. 179.

25 Vgl. Larenz, Schuldrecht AT, S. 79 ff.; v. Hoffmann, Annahme, S. 522.

26 Vgl. Schmidt-Salzer, Geschäfts- und Versicherungsbedingungen, S. 143.

27 Vgl. Larenz BGB AT, S. 524; Soergel/Lange Anm. 40 zu § 145; Krause, Schweigen, S. 9 ff.; Götz/Huhn; Götz, S. 202 ff.; Diederichsen, Vertragsschluß, S. 129 ff.

28 Vgl. Krause, Auftragsbestätigung, S. 997; Larenz, BGB AT, S. 524.

29 Man spricht insofern von deklaratorischem bzw. konstitutiven Bestätigungsschreiben, vgl. hierzu Götz, S. 203, 214.

30 Vgl. Larenz, BGB AT, S. 524; Götz, S. 202.

31 Vgl. Krause, Auftragsbestätigung, S. 997.

als Ablehnung des Angebotes verbunden mit einem neuen Antrag. Schweigen auf einen solchen erweiterten Antrag gilt als Ablehnung[32]. Erbringt allerdings der Absender der modifizierten Auftragsbestätigung die Leistung und wird sie vom Empfänger des Schreibens akzeptiert, so kann daraus auf ein stillschweigendes Einverständnis mit dem in der Leistungserbringung liegenden neuen Angebot geschlossen werden[33].

b) Absender und Empfänger des Bestätigungsschreibens müssen Kaufleute sein oder zumindest wie Kaufleute am Geschäftsleben teilnehmen[34].

c) Es muß ein Bestätigungsgrund gegeben sein, d. h. ein echtes Bestätigungsschreiben liegt nur dann vor, wenn der Vertrag nicht schon schriftlich niedergelegt ist, da andernfalls kein Bedürfnis mehr für eine Bestätigung besteht[35].

d) Der Inhalt des Bestätigungsschreibens darf sich nicht so weit von der vorherigen Absprache entfernen, daß der Bestätigende nicht mit dem Einverständnis des Bestätigungsempfängers rechnen kann[36].

Grundsätzlich darf das Bestätigungsschreiben also von den zuvor getroffenen Vereinbarungen abweichende und sie ergänzende Punkte enthalten, so daß auch erstmalig in diesem Zusammenhang auf Haftungsausschlußklauseln hingewiesen werden kann, nur dürfen diese Bedingungen den Vertrag nicht in wesentlichen Punkten umgestalten.

Liegen diese Voraussetzungen vor und hat der Bestätigende in dem Schreiben auf seine Freizeichnungsklauseln hingewiesen, so werden sie, wenn der Bestätigungsempfänger nicht unverzüglich widerspricht, zum Inhalt des Vertrages.

Als Ergebnis läßt sich zusammenfassend feststellen, daß die Gerichte in der Bundesrepublik Deutschland wesentlich geringere Anforderungen an eine gültige Einbeziehung von Haftungsausschlußklauseln in den Vertrag stellen als die englische Rechtsprechung. Neben den im englischen Recht anerkannten Möglichkeiten soll eine wirksame Inkorporation auch dann vorliegen, wenn zwar nicht ausdrücklich auf die Bedingungen hingewiesen wurde, ihre Verwendung aber in dem betreffenden Wirtschaftszweig üblich ist und dies dem Kunden nach seiner geschäftlichen Erfahrung bekannt sein mußte. Ferner können nach

---

[32] Vgl. BGH 29. 9. 1955, BGHZ 18, 212/215; BGH 25. 5. 1970, WPM 1970, 1050/1052.

[33] Vgl. Schmidt-Salzer, Allgemeine Geschäftsbedingungen, Rdnr. 51 ff.; Weber, Höchstrichterliche Rechtsprechung, S. 10.

[34] Vgl. BGH 27. 10. 1953, BGHZ 11, 1/3; BGH 26. 6. 1963, BGHZ 40, 42/43; OLG Düsseldorf 10. 2. 1966, DB 1966, 458; Medicus, S. 25.

[35] Vgl. Medicus, S. 24.

[36] Vgl. Medicus, S. 25.

deutschem Recht Freizeichnungsklauseln auch dann nachträglich in einen Vertrag einbezogen werden, wenn sie eine Abänderung des Vertrages ausschließlich zugunsten des Unternehmers bewirken. Eine solche nachträgliche Inkorporation kann auch durch bloßes Schweigen erfolgen, sofern der Unternehmer in einem „kaufmännischen Bestätigungsschreiben" auf seine Bedingungen verweist und der Kunde dem Schreiben nicht unverzüglich widerspricht.

Aus den dargestellten Unterschieden zwischen der deutschen und der englischen materiellrechtlichen Regelung der Einbeziehung von Haftungsausschlußklauseln in den Einzelvertrag ergibt sich die besondere Bedeutung der Frage, welches Recht hier maßgeblich ist; denn in vielen Fällen wird bei Zugrundelegung deutschen Rechts eine Vereinbarung der Bedingungen anzunehmen sein, während es nach englischem Recht an einer solchen Vereinbarung fehlen würde.

Daher ist nun mit Hilfe des Kollisionsrechts zu ermitteln, nach welcher Rechtsordnung die Frage der wirksamen Übernahme von Haftungsausschlußklauseln in einen Vertrag auf deutsch-englischer Ebene zu entscheiden ist.

II. Bisherige Lösungsvorschläge

Wie bereits dargelegt wurde[37], werden Haftungsausschlußklauseln sowohl nach deutschem wie nach englischem Recht nur dann Bestandteil eines Vertrages, wenn ihre Geltung von den Parteien vereinbart worden ist. Diese Einbeziehungsvereinbarung ist dabei kein selbständig neben dem jeweils geschlossenen Einzelvertrag stehendes Rechtsgeschäft, sondern Teil desselben[38]. Da der Abschluß des Vertrages und die Vereinbarung der Geltung von Haftungsausschlußklauseln ein einheitliches Rechtsgeschäft bilden, sind sie im Rahmen der gleichen kollisionsrechtlichen Regel zu behandeln. Daher ist die für den Vertragsschluß maßgebende Kollisionsnorm zu ermitteln.

Mangels einer gesetzlichen Regelung herrscht auf dem Gebiet des internationalen Schuldvertragsrechts große Unsicherheit und Verwirrung[39]. Dies gilt in besonderem Maße für die Frage der Anknüpfung des sog. „äußeren" Vertragsschlusses[40]. Zum „äußeren" Vertragsschluß

---

[37] Siehe o. 1. Teil B I und 2. Teil C I.

[38] Vgl. Schmidt-Salzer, Geschäfts- und Versicherungsbedingungen, S. 111; Fikentscher, Schuldrecht, S. 100; Lukes, Grundprobleme, S. 305.

[39] Vgl. Lewald, S. 195.

[40] Nach Ferid, Allgemeine Lieferungsbedingungen, S. 13 gehört der Fragenkomplex Vertragsschluß und Vertragsgültigkeit „zum Bestrittensten in der mit Kontroversen überreich gesegneten Materie des Internationalen Privatrechts". Nußbaum, Grundzüge, S. 170 ist der Ansicht, die kontinentale Lehre habe das Problem sogar „zu weit ausgesponnen".

werden folgende Fragen gerechnet: ob eine Offerte oder eine invitatio ad offerendum vorliegt, ob die Offerte bindend oder widerruflich ist, ob sie durch den Tod des Erklärenden erlischt, wann eine Annahme wirksam ist, ob das Vertragsangebot unverändert angenommen wurde, zu welchem Zeitpunkt der Vertrag zustande gekommen ist[41]. Zum „äußeren" Vertragsschluß wird auch die der Rechtsgeschäftslehre vorgelagerte Frage gezählt, ob überhaupt ein rechtserhebliches Verhalten vorliegt[42]. Gerade diese letzte Frage ist bei Verträgen mit Haftungsausschlußklauseln von besonderer Bedeutung, da hier oft zweifelhaft ist, ob das Schweigen des Kunden als Zustimmung zu den Klauseln angesehen werden kann.

Einige Autoren sowie die frühere Rechtsprechung wollen generell Entstehungstatbestand und Wirkungen des Vertrages der lex causae unterstellen[43]. Nach ihrer Meinung entscheidet also das Geschäftsstatut des als wirksam unterstellten Vertrages auch über die Frage, ob ein bestimmtes Verhalten überhaupt als Willenserklärung gewertet werden kann[44].

Die Maßgeblichkeit des hypothetischen Vertragsstatuts für den „äußeren" Vertragsabschluß wird zumeist damit begründet, daß diese einheitliche Behandlungsweise die Schwierigkeiten vermeidet, die sich ergeben könnten, wenn der Abschluß des Vertrages gesondert, d. h. unabhängig vom Vertragsstatut, angeknüpft würde[45]. Insbesondere wird darauf hingewiesen, daß man im Hinblick auf ein im Einzelfall erwünschtes Ergebnis nicht beliebig das scheinbar Optimale kombinieren dürfe[46]. Das Interesse am internen Entscheidungseinklang gebietet, daß nach Möglichkeit ein in sich geschlossenes Recht zur Anwendung kommt[47]. Ordnet man den Abschluß eines Vertrages sowie seine Wir-

---

[41] Vgl. v. Hoffmann, Annahme, S. 512, Fußn. 6; Kreuzer, S. 108 f.; Reithmann/Martiny, Rdnr. 78 ff.

[42] Vgl. Kreuzer, S. 109; v. Hoffmann, Annahme, S. 512, Fußn. 6.

[43] Vgl. Nußbaum, Deutsches IPR, S. 237 ff. (mit einigen eng begrenzten Ausnahmen zugunsten der Anwendung der lex fori); Rabel, S. 521 ff.; Moser, S. 213, 218 ff.; Reu, S. 72; Erman/Arndt, Rdnr. 10 vor Art. 12 EGBGB; Achilles/Greiff/Beitzke Anm. II 1 a zu Art. 11 EGBGB; Palandt/Heldrich Anm. 4 vor Art. 12 EGBGB; RG 15. 5. 1917, WarnRspr. 1917 Nr. 173; RG 13. 3. 1928, WarnRspr. 1928 Nr. 56; RG 14. 12. 1928, RGZ 123, 97/98; vgl. zu diesen Urteilen Lewald, S. 232 ff.; kritisch zu Lewald Lorenz, Konsensprobleme, S. 199 ff.; vgl. ferner folgende neuere Urteile: BGH 10. 2. 1969, IPRspr. 1968 - 69 Nr. 29; OLG Stuttgart 23. 5. 1960, AWD 1960, 246; OLG Hamburg 29. 10. 1958, AWD 1958, 249 f.; OLG Neustadt 25. 11. 1955, MDR 1956, 164.

[44] Das präsumtive Vertragsstatut soll nicht nur bei einer Rechtswahl der Parteien maßgeblich sein, sondern auch, wenn sie insoweit keine Vereinbarung getroffen haben, vgl. Dreiss/v. Borries, S. 57; Kreuzer, S. 223 f., 296.

[45] Vgl. Lewald, S. 235.

[46] Vgl. Lorenz, Konsensprobleme, S. 22.

[47] Vgl. Kegel, Lehrbuch, S. 48.

kungen einem einzigen Recht zu, so werde dieses Postulat erfüllt. Denn die einzelnen Teile der Regelung eines einheitlichen Lebensverhältnisses sind in jedem Rechtssystem so aufeinander abgestimmt, daß sie insgesamt eine harmonische und widerspruchsfreie Ordnung darstellen[48]. Zerstört man diese innere Folgerichtigkeit, indem man verschiedene Teile des einheitlichen Sachverhalts nach verschiedenen Rechtsordnungen beurteilt, so bringt dieses Vorgehen bei Unterschieden zwischen den zur Anwendung kommenden materiellen Rechten die Gefahr von Überschneidungen, Lücken und ähnlichen Konflikten mit sich[49].

Die Anwendung des hypothetischen Vertragsstatuts auf die Voraussetzungen eines Vertrages ist jedoch logisch bedenklich, da von einem Vertragsstatut nicht die Rede sein kann, solange nicht feststeht, ob überhaupt ein Vertrag zustande gekommen ist[50]. Das Argument des logischen Zirkels wird im internationalen Privatrecht allerdings sehr häufig verwandt und sollte daher nicht überbewertet werden[51]. Die Gegner der einheitlichen Anknüpfung können aber zusätzlich darauf verweisen, daß dieses Vorgehen oft zu unbilligen Ergebnissen führt. Da die Vertragspartner vor Abschluß des Vertrages nicht verpflichtet sind, eine Bewertung ihres Verhaltens nach einer anderen als der ihnen vertrauten Rechtsordnung in Rechnung zu stellen, bringt die Beurteilung der „vorkonsensualen Elemente" nach dem hypothetischen Vertragsstatut die Möglichkeit mit sich, daß den Beteiligten die Anwendung eines ihnen fremden Rechts zu einem Zeitpunkt auferlegt wird, da ihnen dies nicht zugemutet werden kann[52].

Schließlich sprechen auch Praktikabilitätsüberlegungen gegen die einheitliche Anknüpfung von Vertragsabschluß und Vertragswirkungen. Wie Vischer[53] zutreffend bemerkt, ist bei den Rechtshandlungen, die zum Abschluß eines Vertrages führen, meist rasches Handeln geboten, das rasche Rechtsorientierung voraussetzt. Eine solch schnelle Orientierung ist aber hinsichtlich des Vertragsstatuts kaum möglich: Liegt keine Rechtswahl der Parteien vor, so wird der Vertrag objektiv angeknüpft und einer Rechtsordnung unterstellt, die oft erst im Prozeß endgültig bestimmt wird. Bei Abschluß des Vertrages ließe sich daher

---

[48] Vgl. Kegel, Lehrbuch, S. 47.

[49] Vgl. Steindorff, S. 17, insbesondere Fußn. 5.

[50] Vgl. Vischer, Vertragsrecht, S. 147; Ferid, Abschluß von Auslandsverträgen, S. 20 meint, dieses Vorgehen erinnere verzweifelt „an Münchhausens Zopf, an dem der Wackere sich und sein Roß aus dem Sumpfe zog".

[51] Vgl. Ferid, Abschluß von Auslandsverträgen, S. 20 f.; ders., IPR, Rdnr. 6 - 60.

[52] Vgl. Ferid, Abschluß von Auslandsverträgen, S. 16 f.; LG Mainz 10. 12. 1971, AWD 1972, 298/299.

[53] Vertragsrecht, S. 147.

in vielen Fällen nicht mit Sicherheit sagen, ob überhaupt ein wirksamer Vertrag zustande gekommen ist[54].

Diese Bedenken veranlaßten einen Teil des Schrifttums, den „äußeren" Vertragsschluß aus dem Bereich des Vertragsstatuts herauszunehmen und ihn isolierend anzuknüpfen. Für die hier zu entscheidenden Fragen wird teils das Recht des Anbietenden für ausschlaggebend angesehen[55], teils wird das Verhalten jeder Partei nach ihrem Umweltrecht[56] beurteilt[57]. Die Sonderanknüpfung des Vertragsschlusses vermeidet zwar die Unzulänglichkeiten der Anknüpfung an das präsumtive Vertragsstatut, birgt aber die Gefahr in sich, durch die Anwendung mehrerer Rechtsordnungen auf einen Vertrag den (internen) Entscheidungseinklang zu stören[58].

Eine dritte Meinung will daher grundsätzlich das Vertragsstatut auch über das Zustandekommen des Vertrages entscheiden lassen; nur die Frage, ob einem bestimmten Verhalten einer Person (insbesondere ihrem Schweigen) rechtsgeschäftliche Bedeutung zukommt, soll nach dem Umweltrecht eben dieser Person — neben dem Vertragsstatut[59] oder an dessen Stelle[60] — beantwortet werden. Dieser Meinung hat sich vor einiger Zeit auch die Rechtsprechung angeschlossen. Während sie bis vor kurzem für die Wertung eines Verhaltens als Willenserklärung fast ausnahmslos das hypothetische Vertragsstatut maßgebend sein ließ[61], zog der Bundesgerichtshof in einigen neueren Entscheidungen die Berücksichtigung des Wohnsitzrechtes der schweigenden Partei in Betracht[62]. In seiner Entscheidung vom 22. 9. 1971 sprach er sich dann eindeutig für die Maßgeblichkeit dieses Rechts aus[63].

---

[54] Vgl. Reithmann/Martiny Rdnr. 74; Jayme, Sprachrisiko, S. 514, Fußn. 22 a. E.; Siehr, S. 575; Dreiss/v. Borries, S. 58; Toubiana, S. 16.

[55] Lorenz, Konsensprobleme, S. 212 bezeichnet dies als den richtigen Ausgangspunkt; vgl. auch die bei Lorenz, S. 210, Fußn. 66 angeführte Literatur.

[56] Unter dem Begriff „Umweltrecht" soll hier und im folgenden das Recht der geschäftlichen Umwelt einer Person verstanden werden, vgl. dazu oben 2. Teil A.

[57] Vgl. Ferid, Abschluß von Auslandsverträgen, S. 24 ff.; Neumann, S. 148; Gutzwiller, S. 114; ähnlich Achenbach, S. 52, 74.

[58] Darauf weist vor allem Kreuzer, S. 110, hin.

[59] Vgl. Wahl, S. 801; Raape, Lehrbuch, S. 494 f.; Soergel/Kegel Anm. 197 vor Art. 7 EGBGB; Kegel, Lehrbuch, S. 242 f.; Kreuzer, S. 110; Lorenz, Konsensprobleme, S. 215; Vischer, Vertragsrecht, S. 150; Toubiana, S. 16; ähnlich Ficker, S. 383.

[60] Vgl. Wolff, S. 123.

[61] Siehe o. 2. Teil C II.

[62] Vgl. BGH 28. 2. 1968, IPRspr. 1968 - 69 Nr. 199; BGH 25. 5. 1970, AWD 1970, 417/418.

[63] AWD 1971, 589; vgl. ferner LG Mainz 10. 12. 1971, AWD 1972, 298/299 m. Anm. Ebsen/Jayme; OLG Nürnberg 11. 10. 1973, AWD 1974, 405/406 m. Anm. Linke.

III. Stellungnahme

1. Heute ist es weitgehend anerkannt, daß bei Entscheidung der Frage, ob ein Verhalten als rechtsgeschäftliche Erklärung zu deuten ist, aus Billigkeitsgründen in gewissem Umfang auf das Umweltrecht des „Erklärenden" Rücksicht zu nehmen ist. Wenn auch die Frage nach dem maßgeblichen Recht für das Zustandekommen von Schuldverträgen umstritten ist, so besteht doch hinsichtlich der Würdigung des Schweigens — von wenigen Ausnahmen abgesehen — Einigkeit. Für diejenigen, die das Zustandekommen des Vertrages isoliert anknüpfen, weist dieser Fall keine Besonderheiten auf, da die Erklärung jeder Partei nach ihrem Aufenthaltsrecht wirksam sein muß[64]. Aber auch diejenigen, die grundsätzlich das Vertragsstatut über das Zustandekommen des Vertrages entscheiden lassen wollen, machen hier in der Mehrzahl der Fälle eine Ausnahme[65]: Steht das hypothetische Vertragsstatut auf dem Standpunkt, daß unter den gegebenen Umständen das Schweigen des Adressaten als rechtsgeschäftliche Erklärung zu werten ist, so kommt bei einer abweichenden Regelung des dem Schweigenden vertrauten Rechts kein Vertrag zustande[66].

2. Ungeklärt ist dagegen bislang die Frage, wann im Einzelfall aus Gründen der Billigkeit auf das dem Erklärenden vertraute Recht Rücksicht zu nehmen ist. In diesem Punkt gehen die Meinungen weit auseinander; sie reichen von der generellen Heranziehung des Umweltrechts des Schweigenden[67] bis zu dessen Anwendung nur für den Fall, daß er keinerlei Veranlassung zu einer Wertung seines Verhaltens als rechtsgeschäftliche Erklärung gegeben hat[68]. Dieser Zustand scheint mit dem im Grundgesetz verankerten Prinzip der Rechtsstaatlichkeit und damit der Rechtssicherheit unvereinbar zu sein, da weitgehend von einer Vorhersehbarkeit des Ergebnisses keine Rede sein kann[69].

Die gleiche Unsicherheit besteht aber auch im innerstaatlichen Sachrecht bei Anwendung der Generalklauseln. Sie enthalten ebenfalls un-

---

[64] Vgl. Ferid, Abschluß von Auslandsverträgen, S. 21 ff.; Reithmann/Martiny, Rdnr. 74; Lewald, S. 236 ff.; Raape, Lehrbuch, S. 497.

[65] Anders Nußbaum, Deutsches IPR, S. 237 ff. und Moser, S. 213, 218 f.

[66] Vgl. BGH 22. 9. 1971, AWD 1971, 589 f.; LG Mainz 10. 12. 1971, AWD 1972, 298 f.; OLG Nürnberg 11. 10. 1973, AWD 1974, 405 f.; Palandt/Heldrich Anm. 4 vor Art. 12 EGBGB; Simitis, S. 216; Kreuzer, S. 110; Lorenz, Konsensprobleme, S. 210 ff.; anders will Lorenz entscheiden, wenn der Schweigende die Offerte angeregt hat.

[67] Vgl. Ferid, Abschluß von Auslandsverträgen, S. 24 f.; Reithmann/Martiny, Rdnr. 74; Lewald, S. 236 ff.; Raape, Lehrbuch, S. 494 f.

[68] Vgl. v. Hoffmann, Annahme, S. 516; Kreuzer, S. 110; ähnlich Vischer, Vertragsrecht, S. 150; Lorenz, Konsensprobleme, S. 215.

[69] Zum Rechtsstaatsbegriff gehört ein unabdingbares Maß an Vorausberechenbarkeit aller staatlichen Machtäußerungen, vgl. Maunz/Dürig/Herzog Anm. 86 zu Art. 20 GG; siehe ferner Beitzke, Grundgesetz und Internationalprivatrecht, S. 11 ff.

bestimmte, der Ausfüllung bedürftige Maßstäbe, deren Anwendung eine Wertung von Fall zu Fall voraussetzt. Gegenüber den im materiellen Recht enthaltenen Generalklauseln werden jedoch keine Bedenken aus Gründen der Rechtssicherheit erhoben. Man geht davon aus, daß die an Hand von bereits entschiedenen Fällen sowie von der Rechtswissenschaft als relevant erkannten Gesichtspunkten gebildeten Fallgruppen eine den Anforderungen des Art. 20 Abs. 3 GG genügende Vorhersehbarkeit der Entscheidung gewährleisten[70].

Da im internationalen Privatrecht keine strengeren Maßstäbe hinsichtlich der Rechtsstaatlichkeit einzelner Regeln anzulegen sind als im internen Sachrecht, lassen sich die gegen die allgemeine, schwer zu präzisierende Regelung der Anknüpfung des Vertragsschlusses erhobenen Bedenken durch ein der Konkretisierung der materiellrechtlichen Generalklauseln entsprechendes Vorgehen entkräften: Auch hier muß man versuchen, die für oder gegen eine Berücksichtigung des Umweltrechts des Schweigers bedeutsamen Umstände zu ermitteln, um so zu einer Typisierung der Billigkeitsentscheidung zu kommen, die eine weitgehende Voraussehbarkeit des Ergebnisses zuläßt.

Daher soll im folgenden untersucht werden, welche Gesichtspunkte für die Mitberücksichtigung des Umweltrechts des Schweigenden von Bedeutung sind (a) und ob für die Einbeziehung von Haftungsausschlußklauseln besondere Regeln aufgestellt werden können (b).

a) Von der Rechtsprechung und Literatur sind bisher verschiedene Gesichtspunkte herausgearbeitet worden, die für die Bildung von Fallgruppen Bedeutung erlangen könnten.

(1) So schlägt v. Hoffmann[71] vor, das dem Schweigenden vertraute Recht nur heranzuziehen, wenn er selbst noch nicht in Vertragsverhandlungen eingetreten sei und daher keinerlei Veranlassung zur Wertung seines Schweigens als Willenserklärung gegeben habe; v. Hoffmann stützt seine Ansicht mit einem der internen Schuldrechtsdogmatik entlehnten Argument. Er will die im deutschen Schuldrecht entwickelten Grundsätze über die Haftung im Rahmen von Vertragsverhandlungen zur Entscheidung der hier behandelten Frage heranziehen[72]. Ebenso wie es in der Schuldrechtsdogmatik anerkannt sei, daß der Eintritt in Vertragsverhandlungen den Vorgriff auf vertragliche Pflichten rechtfertige, könne im Kollisionsrecht die Aufnahme von geschäftlichem Kontakt die Unterstellung des vorkonsensualen Verhaltens unter das Vertragsstatut rechtfertigen.

---

[70] Vgl. Leibholz/Rinck Anm. 36 zu Art. 20 GG; Maunz/Dürig/Herzog Anm. 90 zu Art. 20 GG; Larenz, BGB AT, S. 55.

[71] Annahme, S. 515 ff.

[72] Annahme, S. 515 f.

Die von v. Hoffmann gegebene Begründung überzeugt indes nicht, da sie außer Acht läßt, daß die unterschiedliche Interessenlage im materiellen und im Kollisionsrecht eine unterschiedliche Grenzziehung bedingt. Das Rechtsinstitut der culpa in contrahendo wurde geschaffen, um mit Hilfe der Ausweitung des Vertragsbereichs und damit der weitgehenden vertraglichen Haftung Problemen im Deliktsrecht — fehlender Schutz des Vermögens in § 823 Abs. 1 BGB, weitreichende Exkulpationsmöglichkeit in § 831 BGB — zu begegnen[73]. Diese letztlich dem Deliktsrecht entstammenden Erwägungen[74] sind aber für die Frage der Wertung des Schweigens irrelevant und daher für eine sachgerechte Abgrenzung nicht verwertbar.

(2) Nach Ansicht des Bundesgerichtshofs[75] sollte nach dem Ort des Vertragsschlusses differenziert werden, da der Schweigende jedenfalls dann, wenn der Vertrag nicht in seinem Heimatland abgeschlossen werde, nicht mit der Beurteilung seines Verhaltens nach seinem Heimatrecht rechnen dürfe. Auch diese Ansicht verhilft nicht zu einer sachgerechten Abgrenzung, denn oft ist der Ort des Vertragsschlusses von Zufälligkeiten abhängig[76]. Zudem würden wir unsere Ortsvorstellungen anderen aufdrängen, da der Abschlußort nach den deutschen materiellrechtlichen Regeln zu ermitteln wäre.

(3) Dem Bundesgerichtshof ist aber zuzugeben, daß der Ort des Vertragsschlusses entsprechend Art. 7 Abs. 3 Satz 1 EGBGB dann entscheidend ist, wenn der Vertrag bei gleichzeitiger Anwesenheit beider Teile im Inland zustande gekommen ist. Diese Abgrenzung trägt in angemessener Weise zu einem Ausgleich der beiderseitigen Interessen bei: Dem Interesse des Erklärenden an der Anwendung des ihm vertrauten Rechts wird grundsätzlich Vorrang eingeräumt; es muß nur dann dem Verkehrsinteresse an der Anwendung inländischen Rechts weichen, wenn der Betroffene bei Abschluß des Geschäfts im Inland anwesend war[77].

b) Neben diesen allgemeinen für alle Verträge gültigen Gesichtspunkten lassen sich unter Umständen besondere Abgrenzungskriterien für Verträge auf der Grundlage von Haftungsausschlußklauseln aufstellen.

(1) Zu denken wäre einmal daran, nach Art der beteiligten Personen in der Weise zu differenzieren, daß das Umweltrecht des Schweigenden

[73] Vgl. Larenz, Schuldrecht AT, S. 93 f.; Fikentscher, Schuldrecht, S. 66.

[74] Wegen ihres letztlich deliktischen Ursprungs wird beispielsweise die Ansicht vertreten, im IPR sei maßgeblich für die Anknüpfung der c. i. c. das Recht am Ort des Verhandelns und nicht das Vertragsstatut, vgl. RG 29. 10. 1938, RGZ 159, 34/53 f.; Ferid, IPR, S. 153.

[75] BGH 13. 7. 1973, WPM 1973, 1238/1240.

[76] Vgl. Umbricht, S. 52 f.; Kegel, Lehrbuch, S. 253.

[77] Diese Abgrenzung ist heute wohl weitgehend anerkannt, vgl. Kegel, Lehrbuch, S. 243; Soergel/Kegel, Rdnr. 16, Fußn. 3 zu Art. 7 EGBGB; Jayme, Sprachrisiko, S. 514; Ferid, IPR, S. 126.

nur berücksichtigt wird, wenn es sich bei ihm um eine Privatperson handelt, während man für die Beurteilung des Verhaltens eines Kaufmanns stets das Vertragsstatut maßgebend sein läßt.

Eine solche Differenzierung entspräche einer in letzter Zeit sichtbar werdenden Tendenz, dem Schutz der schwächeren Partei, insbesondere dem Schutz des Verbrauchers, im internationalen Privatrecht größere Aufmerksamkeit zu widmen[78]. Das hängt damit zusammen, daß mit der zunehmenden internationalen Verflechtung der Wirtschaftsunternehmen sich die Geschäfte von Verbrauchern mit ausländischen Geschäftspartnern häufen[79]. Da bisher Geschäfte mit ausländischen Unternehmen fast ausschließlich unter Kaufleuten getätigt wurden[80], sind die international schuldrechtlichen Regeln hauptsächlich deren Bedürfnissen angepaßt. Nachdem nunmehr Privatpersonen zunehmend im internationalen Rechtsverkehr tätig werden, stellt sich die Frage nach einem adäquaten Vertrauensschutz in diesem Bereich.

Für das amerikanische interlokale Recht hat Ehrenzweig bereits 1953 eine gesonderte Behandlung von sog. adhesion contracts gefordert[81]. Auf eine kurze Formel gebracht lautet sein Vorschlag, daß der den aGB Unterworfene durch Anwendung eines ihm günstigen Rechts geschützt werden soll, wenn er der wirtschaftlich Schwächere ist. Ähnliche Überlegungen finden sich bei Ferid[82] und Lando[83].

Gegenstand dieser Überlegungen ist die Frage, inwieweit es zusätzlicher Regeln zum Schutz des Verbrauchers im internationalen Rechtsverkehr bedarf. Hier geht es aber nicht um einen solchen zusätzlichen Schutz, sondern um die Frage, ob der bisher allgemein, d. h. Kaufleuten und Privatpersonen gewährte Schutz nur noch für den Verbraucher gelten soll. Für diese Frage läßt sich aus den angeführten Überlegungen nichts entnehmen. Sie sprechen allenfalls für eine Beibehaltung der Sonderanknüpfung des Schweigens auch bei Kaufleuten, da — wie oben dargelegt — die Regeln des internationalen Schuldrechts weitgehend den Bedürfnissen des internationalen Geschäftsverkehrs entsprechen.

Eine andere Auffassung wäre nur gerechtfertigt, wenn sich nachweisen ließe, daß die Sonderanknüpfung des Schweigens den Besonderheiten des Handelsverkehrs nicht entspräche. Hier sind insbesondere

---

78 Vgl. v. Hoffmann, Schutz des Schwächeren, S. 396 ff.; Fikentscher, Arbeitsstatut, S. 204 ff.; Lando, EC Draft Convention, S. 17 ff., 33 ff.

79 Vgl. Arbeitsgruppe beim BMdJ, Erster Teilbericht, S. 96.

80 Vgl. Lando, EC Draft Convention, S. 15; v. Hoffmann, Schutz des Schwächeren, S. 401.

81 Adhesion Contracts in the Conflict of Laws, Col. L. Rev. 1953, S. 1072 ff.

82 Abschluß von Auslandsverträgen, S. 30 ff., S. 36.

83 EC Draft Convention, S. 6 ff., S. 23 f.

zwei Gesichtspunkte zu beachten: Kaufleute werden als weniger schutzbedürftig angesehen, weil sie auf Grund ihrer geschäftlichen Erfahrung gesteigerte Sorgfaltspflichten treffen und weil sie infolge ihrer größeren wirtschaftlichen Macht eher die Möglichkeit haben, für sie günstige Bedingungen auszuhandeln. Es fragt sich, ob sich aus diesen Gesichtspunkten ableiten läßt, daß Kaufleute hinsichtlich der Wertung ihres Schweigens als Vertragsannahme anders behandelt werden müssen als Privatpersonen.

Betrachtet man zunächst einmal die besonderen Sorgfaltspflichten der Kaufleute, so läßt sich folgendes feststellen: Hält man den Kaufmann, der in Verbindung zu einem ausländischen Geschäftspartner tritt, für verpflichtet, sich über das auf den künftigen Vertrag zur Anwendung kommende Recht sowie darüber zu informieren, wie dieses Recht sein Verhalten bewertet, so ist für eine Sonderanknüpfung aus Billigkeitsgründen kein Platz mehr. Da jedoch das künftige Vertragsstatut — mindestens soweit es nach objektiven Gesichtspunkten bestimmt wird — oft nur mit großen Schwierigkeiten ermittelt werden kann, der Kaufmann aber auf eine rasche Rechtsorientierung angewiesen ist, verbietet sich m. E. die Annahme einer solchen Pflicht aus Gründen der Praktikabilität.

Eine Sonderanknüpfung des Schweigens wäre im kaufmännischen Verkehr auch dann unnötig, wenn Kaufleute sich auf Grund ihrer größeren wirtschaftlichen Macht vor den etwaigen mißlichen Konsequenzen der Anwendung einer ihnen fremden Rechtsordnung auf die Wertung ihres Verhaltens schützen könnten. Denn die — im deutschen Recht der aGB geplante — unterschiedliche Behandlung von Kaufleuten und Privatpersonen beruht auf der Überlegung, daß die einzelnen Verbraucher nicht über ausreichend wirtschaftliche Stärke verfügen, um die Vereinbarung von ihnen günstigen aGB durchsetzen zu können[84]. Ganz anders ist die Verhandlungsposition eines Kaufmannes. Er kann selbst entscheiden, ob er eine bestimmte Klausel oder ein bestimmtes Klauselwerk akzeptieren will oder nicht. Läßt er sich auf deren Geltung ein, so beruht das weitgehend auf seinem freien Willen und nicht wie beim Verbraucher auf der Tatsache, daß ihm nichts anderes übrigbleibt, als sich mit den vom Unternehmer aufgestellten Klauseln einverstanden zu erklären oder auf den Abschluß des Vertrages zu verzichten[85].

Diese überlegene Verhandlungsposition kann sich aber bei einer stillschweigenden Einbeziehung von Haftungsausschlußklauseln nicht

---

[84] Vgl. Rehbinder, Allgemeine Geschäftsbedingungen, S. 107; Brandner, Allgemeine Geschäftsbedingungen, S. 47 f.; Lando, EC Draft Convention, S. 15 f.

[85] Vgl. Lindacher, S. 297 ff.; Brandner, Umstände, S. 260; Raiser, Gerichtliche Kontrolle, S. 160.

auswirken. Denn dabei geht es um die Frage, ob bestimmte Rechtsfolgen — nämlich die Geltung der Freizeichnungsklauseln — an das Schweigen einer Person geknüpft werden können, die mit dieser Beurteilung ihres Schweigens nicht rechnet und daher die ihr zu Gebote stehenden Machtmittel nicht einsetzen kann. Aus diesen Gründen halte ich es für verfehlt, die Sonderanknüpfung des Schweigens auf Privatpersonen zu beschränken.

(2) Zu denken wäre auch an eine Aufgliederung nach Geschäftstypen: Soweit die Einbeziehung von aGB in einen Vertrag branchenüblich ist, also bei Verträgen mit Banken, Versicherungen und Spediteuren, wäre das Umweltrecht des Erklärenden nicht zu berücksichtigen. Bedeutung würde ihm nur zukommen, soweit die Verwendung von aGB bei Geschäften von der Art des abgeschlossenen nicht üblich wäre. Diese Abgrenzung entspräche der im geltenden deutschen Recht bestehenden Regelung. Gegen ihre Übernahme in das internationale Privatrecht bestehen jedoch erhebliche Bedenken.

Bereits im deutschen Sachrecht wird die Annahme einer stillschweigenden Unterwerfung unter branchenübliche aGB als Fehlentwicklung angesehen[86]. Es empfiehlt sich daher nicht, die zur Zeit im deutschen Recht noch praktizierte weitgehende Zurechnung des Schweigens zu internationalisieren, zumal sich bei den Bemühungen um eine internationale Rechtsvereinheitlichung feststellen läßt, daß sich der deutsche Standpunkt nicht durchzusetzen vermag[87].

Zusammenfassend ist zu sagen, daß sich bei Verträgen auf der Grundlage von Haftungsausschlußklauseln keine anderen Abgrenzungskriterien hinsichtlich einer Sonderanknüpfung des Schweigens ergeben als bei individuell ausgehandelten Verträgen.

IV. Rückverweisung

Umstritten ist, ob die international schuldrechtlichen Anknüpfungen Sachnorm- oder Gesamtverweisungen darstellen. Im Hinblick auf die Sonderanknüpfung des Schweigens ist also zu fragen, ob bei der Ver-

---

[86] Vgl. Arbeitsgruppe beim BMdJ, Erster Teilbericht, S. 42; Larenz, BGB AT, S. 292; ders., Schuldrecht AT, S. 71, Fußn. 3; Schmidt-Salzer, Geschäfts- und Versicherungsbedingungen, S. 132 ff.; Raiser, Gerichtliche Kontrolle, S. 169; Sonnenberger, S. 225; Biedenkopf, S. 123.

[87] Vgl. Mertens/Rehbinder, Anm. 12 f. zu Art. 6 EAG; v. Caemmerer, Haager Konferenz, S. 125 f.: Nach den Haager Kaufgesetzen gilt Schweigen nur bei entsprechendem Handelsbrauch im Ausland als Annahme; LG Braunschweig 28. 2. 1974, AWD 1974, 346 zum EG-Übereinkommen über die gerichtliche Zuständigkeit und die Vollstreckung gerichtlicher Entscheidungen in Zivil- und Handelssachen; siehe ferner Ebsen/Jayme, Anm. zu der Entscheidung des LG Mainz vom 10. 12. 1971, AWD 1972, 301, Fußn. 24.

weisung auf das Umweltrecht des Schweigenden ein etwaiger renvoi zu beachten ist.

Entsprechend den unterschiedlichen Arten der Anknüpfung von Schuldverträgen[88] wird auch bei der Behandlung des renvoi-Problems unterschieden zwischen der Anknüpfung an den Parteiwillen und den objektiven Anknüpfungen.

Rechtsprechung und Lehre sind sich darin einig, daß eine von den Parteien ausdrücklich oder stillschweigend getroffene Rechtswahl als Sachnormverweisung zu werten, diese Anknüpfung also grundsätzlich „renvoi-feindlich" ist[89]. Bei der Anknüpfung an das Umweltrecht des Schweigenden handelt es sich um eine mit Hilfe objektiver Momente gewonnene Anknüpfung. Gerade bei den objektiven Anknüpfungen ist die Beachtlichkeit des renvoi heftig umstritten.

Gegen sie werden einmal Praktikabilitätserwägungen ins Feld geführt[90]: Ausländische Normen seien kaum vorhanden; auch die ausländische Rechtsprechung sei auf diesem Gebiet nicht sehr reichhaltig, so daß man auf die in der Literatur vertretenen Meinungen angewiesen sei. Diese seien aber sehr unterschiedlich, so daß sich das geltende Recht kaum feststellen lasse, zumal die herrschende Meinung für die Rechtsprechung im Ausland nicht dieselbe Bedeutung habe wie bei uns.

Diese Bedenken überzeugen nicht, denn sie könnten generell gegen die Anwendung fremden Rechts erhoben werden. Schwierigkeiten bei der Ermittlung ausländischer Rechtsnormen können kein ausreichender Grund dafür sein, diese außer Betracht zu lassen.

2. Weiter wird gegen die Beachtlichkeit des renvoi geltend gemacht, daß die auf Grund einer objektiven Interessenabwägung gewonnene Anknüpfung nicht durch mehr oder weniger zufällige Rück- und Weiterverweisungen gefährdet werden dürfe[91].

Dies ist eine Überlegung, die für die Anerkennung des renvoi nicht nur im internationalen Schuldrecht von Bedeutung ist. Würde man grundsätzlich das Interesse, an der einmal gefundenen Anknüpfung festzuhalten, in den Vordergrund stellen, so käme man zu einer generellen Ablehnung der Rückverweisung. Ein solches Vorgehen widerspräche aber der im internationalen Privatrecht angestrebten Entscheidungs-

---

88 Siehe dazu unten D II.

89 Vgl. Neuhaus, S. 185; Palandt/Heldrich, Anm. 3 zu Art. 27 EGBGB; Soergel/Kegel, Rdnr. 278 vor Art. 7 EGBGB; Graue, Rück- und Weiterverweisung, S. 125.

90 Vgl. Raape, Rückverweisung, S. 1016; ders., Lehrbuch, S. 70; 488.

91 Vgl. Kreuzer, S. 107 f.; Reithmann/Martiny, Rdnr. 25; diesen Standpunkt vertritt auch das schweizerische Bundesgericht: BG 21. 10. 1955, E 81 II/391, 394.

harmonie, die nur erreicht werden kann, wenn der inländische Richter ebenso entscheidet wie sein ausländischer Kollege[92]. Im Interesse des äußeren Entscheidungseinklangs muß daher eine etwaige Rückverweisung des von uns für maßgeblich erklärten Rechts beachtet werden[93].

Dieses Ergebnis entspricht auch praktischen Erwägungen: Mit Hilfe der Sonderanknüpfung soll der Schweigende vor Konsequenzen seines Verhaltens bewahrt werden, mit denen er nach seinem Umweltrecht nicht zu rechnen brauchte. Sieht sein Umweltrecht eine solche Sonderanknüpfung nicht vor, so kann es nicht Aufgabe der deutschen Rechtsordnung sein, dem Ausländer einen weitergehenden Schutz zu gewähren als sein eigenes Recht.

Im Verhältnis zu Großbritannien wird die grundsätzlich zu beachtendie Rückverweisung wohl kaum praktische Bedeutung erlangen, da das Schweigen auch im englischen Internationalen Privatrecht gesondert angeknüpft wird. Zwar liegt eine Stellungnahme der Rechtsprechung zu diesem Problem — soweit ersichtlich — noch nicht vor. Im englischen Schrifttum wird jedoch für die Frage, ob ein bestimmtes Verhalten als Willenserklärung zu werten ist, eine Ausnahme von der Geltung des Schuldstatuts zugunsten des der Partei vertrauten Rechts befürwortet[94].

V. Sonderregeln des deutschen Rechts für die Geltung von Haftungsausschlußklauseln gegenüber einem englischen Vertragspartner

1. Wenn nach den oben entwickelten Grundsätzen deutsches Recht auf den Vertragsschluß zur Anwendung kommt, so ist zu überlegen, ob und inwieweit die Tatsache, daß ein Ausländer an dem Vertrag beteiligt ist, Einfluß auf den Inhalt der inländischen Sachnormen hat. In den von der Rechtsprechung entschiedenen Fällen wird der Ausländer hinsicht-

[92] Vgl. Kegel, Lehrbuch, S. 145. Zum Zusammenhang zwischen internationalem Entscheidungseinklang und renvoi vgl. Hartwieg, Renvoi, S. 132 ff.

[93] Für die Beachtung des renvoi bei objektiver Anknüpfung: BGH 9. 6. 1960, IPRspr. 1960 - 61 Nr. 23; obwohl der Bundesgerichtshof den hypothetischen Parteiwillen objektiv bestimmt (siehe dazu unten D II), wertet er ihn hinsichtlich des renvoi als subjektive Anknüpfung, vgl. BGH 14. 2. 1958, IPRspr. 1958 - 59 Nr. 39; OLG Düsseldorf 28. 9. 1970, WPM 1971/168, 171; Kegel, Lehrbuch, S. 150; Soergel/Kegel, Rdnr. 278 vor Art. 7 EGBGB; Neuhaus, S. 180, Fußn. 442; Beitzke in Achilles/Greiff, Anm. II 1 zu Art. 11 EGBGB.

[94] Vgl. Dicey/Morris, S. 742: "... certain matters ought to be reserved for the law of the place of residence or business of the party concerned. This applies particularly to the question whether conduct of a specified kind, such as silence, amounts to the acceptance of an offer." Vgl. ferner Ebsen/Jayme, Anm. zum Urteil des LG Mainz v. 10. 12. 1971, AWD 1972, 301; Lorenz, Vertragsabschluß, S. 143 ff.; a. A. Jaffey, Offer and Acceptance, S. 610.

lich der Geltung von Freizeichnungsklauseln grundsätzlich dem Deutschen gleichgestellt[95].

Eine solch undifferenzierte Gleichbehandlung ist jedoch bedenklich. Nach allgemeiner Auffassung werden bereits durch die tatsächliche Aufnahme von Vertragsverhandlungen erhöhte Sorgfaltspflichten zwischen den Beteiligten begründet[96]. Maßstab dieser Pflichten ist § 242 BGB. Jeder Teil ist verpflichtet, Gefahren, die durch die Aufnahme von geschäftlichem Kontakt für seinen Verhandlungspartner entstehen können, zu vermeiden. Daraus ergibt sich, daß der deutsche Teil verpflichtet ist, seinen ausländischen Vertragspartner über die rechtliche Tragweite des von ihm unterbreiteten Angebots aufzuklären. Das muß gemäß § 242 BGB jedenfalls dann gelten, wenn es sich bei dem ausländischen Vertragsteil um eine Privatperson handelt und der deutsche Vertragspartner erkennen konnte und mußte, daß er mit der Geltung von Haftungsausschlußklauseln für den Vertrag nicht rechnete[97]. Die Aufklärungspflicht des deutschen Unternehmers ist also unterschiedlich ausgestaltet, je nachdem es sich bei seinem ausländischen Verhandlungspartner um einen Kaufmann oder eine Privatperson handelt. Die deutschen Regeln über die Einbeziehung von Haftungsausschlußklauseln können daher nur auf ausländische Kaufleute, die in der Bundesrepublik Deutschland geschäftlich tätig werden, ohne Modifikationen angewandt werden[98].

2. Einige Überlegungen erfordert noch die inhaltliche Bestimmung der dem deutschen Klauselverwender obliegenden Aufklärungspflicht. Hier ist insbesondere zu fragen, inwieweit englische Normen über die Einbeziehung von Freizeichnungsklauseln für die Konkretisierung dieser Pflicht Bedeutung erlangen können.

---

95 Vgl. LG München I 14. 8. 1952, Verkehrsrechts-Sammlung 5/346, 347; LG Hamburg 14. 6. 1968, MDR 1968/764, 765; OLG Frankfurt a. M. 14. 7. 1969, AWD 1969/454; OLG Hamburg 19. 3. 1971, AWD 1971/188, 189; a. A. OLG Saarbrücken 22. 7. 1953, IPRspr. 1952 - 53 Nr. 39.

96 Vgl. Larenz, Schuldrecht AT, S. 94; Fikentscher, Schuldrecht, S. 66; Esser, S. 30 f.; Canaris. S. 476.

97 In der Rechtsprechung sind Tendenzen erkennbar, auch im innerdeutschen Rechtsverkehr eine Aufklärungspflicht hinsichtlich der rechtlichen und wirtschaftlichen Tragweite von Vertragsofferten anzunehmen: vgl. BGH 17. 11. 1960, BGHZ 33/293, 298; OLG Celle 29. 11. 1957, NJW 1958/502, 503 m. Anm. Rötelmann; OLG Hamm 25. 7. 1962, MDR 1963/48, 49 m. Anm. Mittelstein. Diesen Entscheidungen liegen durchweg Fälle zugrunde, in denen eine rechts- und geschäftskundige Partei sich an juristisch und geschäftlich unerfahrene Personen wendet und diese veranlaßt, unklare oder für diese Personen in ihrer Tragweite nicht überschaubare Verträge abzuschließen. Vgl. zu diesem Problemkreis auch Hartwieg, Culpa in contrahendo, S. 733 ff.

98 Vgl. Reithmann/Martiny, Rdnr. 87; ebenso Jayme, Sprachrisiko, S. 519 f. für den gleichgelagerten Fall des Sprachrisikos.

Da das deutsche Kollisionsrecht auf das inländische materielle Recht verweist, scheidet eine unmittelbare Anwendung der englischen Rechtsnormen aus. Sie können aber mittelbar entscheidungserheblich werden, indem man sie als „data“ zur Ausfüllung der im Tatbestand der inländischen Norm vorhandenen Rechtsbegriffe heranzieht. Bei einem solchen Vorgehen wird die Rechtsfolgeanordnung dem inländischen Recht entnommen, die englischen Regeln werden ebenso wie andere Fakten als Teile des zu beurteilenden Sachverhalts auf der Tatbestandsseite berücksichtigt[99].

Die englischen Normen zur Einbeziehung von Haftungsausschlußklauseln können also Maßstäbe für die inhaltliche Ausgestaltung der dem deutschen Unternehmer obliegenden Aufklärungspflicht abgeben. Von Bedeutung ist in diesem Zusammenhang vor allem die für das englische Recht der Freizeichnungsklauseln zentrale Lehre von der „notice“. Danach werden Haftungsausschlußklauseln nur zum Inhalt des jeweiligen Vertrages, wenn der Unternehmer den Kunden in angemessener Form auf die Geltung der Klauseln hingewiesen hat[100]. Der deutsche Unternehmer wird der ihn gemäß § 242 BGB treffenden Aufklärungspflicht gegenüber seinem englischen Kunden daher nur gerecht, wenn er ihn angemessen auf die Geltung seiner Freizeichnungsklauseln hinweist.

D. Auslegung und Inhaltskontrolle von Haftungsausschlußklauseln in deutsch-englischen Verträgen nach internationalem Privatrecht

I. Das Problem

Ist ein deutsch-englischer Vertrag unter wirksamer Einbeziehung von Haftungsausschlußklauseln zustande gekommen, so stellt sich die Frage, nach welchem Recht sich die Auslegung und Inhaltskontrolle dieser Klauseln richtet. Auch hier ist die Lösung des Problems vornehmlich dann von Interesse, wenn die materiellrechtlichen Regeln, die zur Anwendung kommen können, inhaltlich voneinander abweichen. Deshalb sollen zunächst in aller Kürze die deutschen Vorschriften über Auslegung und Inhaltskontrolle von Freizeichnungsklauseln dargestellt werden, um die praktische Bedeutung des Problems deutlich werden zu lassen.

---

99 Zu der Unterscheidung zwischen der Anwendung ausländischer Normen als „rules of decision“ und ihrer Heranziehung als „data“ zur Konkretisierung inländischer Sachnormen vgl. Ehrenzweig, Private International Law, S. 83 ff.; Jayme, Familie, S. 294, Fußn. 104 m. w. Nachw.; ders., Sprachrisiko, S. 520.

100 Siehe o. 1. Teil B II.

1. Die Auslegung von Haftungsausschlußklauseln nach deutschem Recht

Hinsichtlich der auf die Auslegung von Haftungsausschlußklauseln zur Anwendung kommenden Rechtssätze besteht weitgehend Übereinstimmung zwischen dem englischen und dem deutschen Recht[1]. So ist auch im deutschen Recht der Vorrang von Individualabreden vor aGB anerkannt[2]. Klauseln, die im Widerspruch zu einzelvertraglich getroffenen Abmachungen stehen, erlangen keine Rechtswirksamkeit für das konkrete Vertragsverhältnis. Das gilt selbst dann, wenn die Individualvereinbarungen mündlich geschlossen worden sind, während die aGB eine Schriftformklausel enthalten, wonach Abweichungen nur im Falle ihrer schriftlichen Niederlegung wirksam sein sollen[3]. Ferner werden Haftungsausschlußklauseln auch im deutschen Recht restriktiv[4] und — soweit Unklarheiten bestehen — gegen den Aufsteller ausgelegt[5].

2. Die Inhaltskontrolle von Haftungsausschlußklauseln nach deutschem Recht

Erhebliche Unterschiede bestehen zwischen dem englischen und dem deutschen Recht der Haftungsausschlußklauseln hinsichtlich der inhaltlichen Kontrolle. Wie oben[6] dargelegt wurde, fühlen sich die englischen Gerichte an das Dogma der Vertragsfreiheit gebunden, das die Auf-

---

1 Vgl. Sayn-Wittgenstein, S. 72.

2 Vgl. BGH 17. 12. 1959, BB 1960/277; BGH 6. 11. 1967, BGHZ 49/84, 87; BGH 26. 3. 1969, BGHZ 52/30, 35 f.; BGH 14. 5. 1969, NJW 1969/1626; OLG Hamburg 9. 1. 1963, VersR 1963/225; Schmidt-Salzer, Geschäfts- und Versicherungsbedingungen, S. 171 ff.; ders., Allgemeine Geschäftsbedingungen, Rdnr. 86 ff.; Emmerich, Problematik, S. 366; Raiser, Recht der AGB, S. 230 ff.; Staudinger/Weber, Rdnr. N 318.

3 Vgl. BGH 7. 6. 1956, WPM 1956/1056 f.; BGH 29. 11. 1967, NJW 1968/588, 590; Schmidt-Salzer, Geschäfts- und Versicherungsbedingungen, S. 183 ff.; ders., Allgemeine Geschäftsbedingungen, Rdnr. 91; ders., Rechtsprobleme, S. 1259 f.; Reinicke, S. 158; Emmerich, Problematik, S. 366; a. A. BGH 11. 10. 1967, NJW 1968/32, 33; Weber, Grundfragen, S. 2427; Eisner, S. 121. Nach Ansicht des BGH und der beiden zuletzt genannten Autoren soll die Schriftformklausel nur in Ausnahmefällen ohne Wirkung sein, z. B. wenn die Vertragschließenden deutlich und zweifelsfrei ihren Willen zum Ausdruck gebracht haben, die mündlich getroffene Abrede solle ungeachtet der Schriftformklausel Geltung besitzen.

4 BGH 29. 10. 1956, BGHZ 22/90, 96; BGH 17. 5. 1960, NJW 1960/1661 und 1662; BGH 4. 11. 1969, BB 1970/466; BGH 23. 4. 1970, BB 1970/898; BGH 11. 3. 1971, BB 1971/415; OLG München 13. 3. 1969, WPM 1969/510, 511; Helm, Ausdehnung, S. 522; ders., Private Norm, S. 128; Meeske, S. 860; Flume, S. 316, Fußn. 65; Fikentscher, Schuldrecht, S. 102; Stoll, S. 16.

5 Vgl. BGH 12. 2. 1952, BGHZ 5/111, 115; BGH 23. 4. 1970, BB 1970/898; OLG Hamburg 14. 12. 1962, BB 1964/8; Esser, S. 94; Fikentscher, Schuldrecht, S. 102; Larenz, Schuldrecht AT, S. 72; Baumbach-Duden, Einf. Buch III 4 c; BGB-RGRK (Nastelski) Anm. 84 f. zu § 276.

6 Siehe o. 1. Teil D.

stellung allgemeiner Regeln zur Begrenzung des rechtlich zulässigen Inhalts von Verträgen verhindert. Eine Inhaltskontrolle findet daher fast ausschließlich insoweit statt, als entsprechende gesetzliche Vorschriften bestehen.

Auch die deutsche Rechtsprechung stellte sich zunächst auf den Standpunkt, das Prinzip der Vertragsfreiheit verbiete einen Eingriff in aGB[7]. Diese Auffassung wurde jedoch später von den Gerichten zugunsten einer offenen Inhaltskontrolle aufgegeben. Den Ausgangspunkt dieser Entwicklung bildete die sogenannte Monopolrechtsprechung des Reichsgerichts, wonach Haftungsausschlüsse nur dann unzulässig sein sollten, wenn der Unternehmer dem Kunden das Klauselwerk unter Ausnutzung seiner Monopolstellung aufgezwungen hatte[8]. Gegen diese Rechtsprechung wurde im Schrifttum geltend gemacht, sie verlege zu Unrecht den Akzent vom Inhalt der aGB auf das Mittel ihrer Durchsetzung[9]. Entscheidender Gesichtspunkt sei jedoch der Inhalt der einzelnen Klauseln, der darauf überprüft werden müsse, ob er den Anforderungen der ausgleichenden Vertragsgerechtigkeit einigermaßen entspreche[10]. Diesem Standpunkt hat sich in der Folge auch die Rechtsprechung angeschlossen[11]. Heute herrscht in Rechtsprechung und Schrifttum weitgehend Einvernehmen darüber, daß für Haftungsausschlußklauseln eine gegenüber den allgemeinen Grenzen der Vertragsfreiheit verschärfte Inhaltskontrolle notwendig ist, da der Verwender solcher Klauseln bei der Gestaltung des Vertrages die Vertragsfreiheit für sich allein in Anspruch nimmt, so daß es an der „Richtigkeitskontrolle“[12] fehlt, die bei Einzelvereinbarungen durch das Aushandeln und die beiderseitige Einigung gewährleistet wird[13]. Daher werden Freizeichnungsklauseln ohne Rücksicht auf eine etwaige Monopolstellung ihres Verwenders[14] nur dann für zulässig gehalten, wenn sie die Interessen beider Teile angemessen berücksichtigen[15]. Umstritten ist le-

---

[7] Vgl. RG 16. 6. 1883, RGZ 11/100, 110: „So wenig billig und gerecht nun auch diese Abwälzung einer ... Haftung ... sein und so sehr sie das natürliche Verhältnis verschieben mag, so fehlt es doch, mangels einer gesetzlichen Einschränkung der Vertragsfreiheit, in dieser Beziehung an der Möglichkeit, der betreffenden Vereinbarung die Gültigkeit zu versagen.“

[8] Vgl. RG 26. 10. 1921, RGZ 103/82, 83; RG 1. 10. 1921, RGZ 102/396, 397; RG 8. 11. 1926, RGZ 115/218, 219 f.

[9] Vgl. Raiser, Recht der AGB, S. 283 ff.

[10] Vgl. Larenz, Schuldrecht AT, S. 73.

[11] Zur Rechtsprechung des BGH bezüglich allgemeiner Geschäftsbedingungen vgl. Diederichsen, Industriegesellschaft, S. 1804.

[12] Vgl. Haupt, S. 86.

[13] Vgl. Haupt, S. 86; Enneccerus/Nipperdey, S. 1011; OLG Düsseldorf 28. 1. 1972, NJW 1972/1816.

[14] Vgl. Stoll, S. 18; BGH 29. 10. 1962, BGHZ 38/183, 184 f.

[15] Vgl. Lukes, Grundprobleme, S. 306 ff.; ders., Inhaltskontrolle, S. 1900 ff.; Flume, S. 671; Larenz, Schuldrecht AT, S. 74; BGH 29. 10. 1956, BGHZ 22/90,

diglich die dogmatische Grundlage für dieses Vorgehen. Teilweise werden die inhaltlichen Schranken von Haftungsausschlußklauseln aus § 242 BGB hergeleitet[16], zum Teil wird unter Hinweis auf die einseitige Aufstellung der Klauseln § 315 BGB als positiv-rechtliche Verankerung der Inhaltskontrolle angesehen[17]. In zunehmendem Maße setzt sich jedoch der Gedanke durch, die angemessene Berücksichtigung der beiderseitigen Interessen sei nach dem in den Regeln des dispositiven Rechts niedergelegten Gerechtigkeitsgehalt zu beurteilen[18]. Eine Abweichung vom dispositiven Recht wird nur insoweit zugelassen, als dafür ausreichende sachliche Gründe bestehen, wobei unterschiedlich hohe Anforderungen an die Stichhaltigkeit dieser Gründe gestellt werden, jenachdem die fragliche Norm vorwiegend auf Erwägungen der Zweckmäßigkeit oder des gerechten Interessenausgleichs beruht[19]. Soweit eine dispositive gesetzliche Regelung fehlt, wird von den Gerichten geprüft, ob die fragliche Klausel wesentliche Rechte oder Pflichten, die sich aus der Natur des Vertrages bzw. seinem von der Verkehrsanschauung geprägten Leitbild ergeben, so einschränkt, daß die Erreichung des Vertragszwecks dadurch gefährdet wird[20]. So hat der Bundesgerichtshof mehrfach Freizeichnungsklauseln die Wirksamkeit abgesprochen, die es dem Verwender ermöglichten, sich einer vertraglichen Hauptleistungspflicht zu entziehen[21, 22].

98 ff.; BGH 5. 4. 1962, BGHZ 37/94, 98, BGH 4. 6. 1970, BGHZ 54/106, 109; OLG Düsseldorf 28. 1. 1972, NJW 1972/1816, 1817; OLG Frankfurt 8. 4. 1975, NJW 1975/1662, 1663; OLG Stuttgart 15. 8. 1974, NJW 1975/262, 263.

16 Vgl. BGH 27. 10. 1960, NJW 1961/665, 666; BGH 9. 5. 1966, NJW 1966/1452; LG Berlin 25. 4. 1966, NJW 1966/1818, 1819; Mroch, S. 25 ff.

17 Larenz, Schuldrecht AT, S. 73 ff.; Flume, S. 671; Lukes, Inhaltskontrolle, S. 1897 ff.; Schmidt-Salzer, Geschäfts- und Versicherungsbedingungen, S. 234; ders., Unterwerfung, S. 512; Auer, S. 49 ff.

18 Vgl. BGH 17. 2. 1964, BGHZ 41/151, 154 ff.; BGH 4. 6. 1970, BGHZ 54/106, 109 f.; BGH 28. 2. 1973, BGHZ 60/243, 245; Enneccerus/Nipperdey, S. 1011; Esser, S. 96; Fikentscher, Schuldrecht, S. 103; Emmerich, Wirtschaftsrecht, S. 140 f.; Flume, S. 671; Dietlein, S. 972.

19 Vgl. BGH 17. 2. 1964, BGHZ 41/151, 154.

20 Vgl. BGH 24. 2. 1971, NJW 1971, 1036, 1037; diese von den Gerichten entwickelte Theorie entspricht weitgehend der englische Lehre vom fundamental breach of contract: Schmidt-Salzer, Allgemeine Geschäftsbedingungen, Rdnr. 94, Fußn. 1, Rdnr. 96.

21 Vgl. BGH 16. 3. 1956, BB 1956/577, 578; BGH 29. 1. 1968, BGHZ 49/356, 363; BGH 24. 2. 1971, NJW 1971/1036, 1037 f.

22 Auch das AGB-Gesetz entspricht weitgehend den dargelegten Grundsätzen. Es enthält im § 9 eine Generalklausel, wonach aGB nur wirksam sind, wenn sie einen angemessenen Interessenausgleich gewährleisten. In Abs. 2 dieser Bestimmung wird als Orientierungshilfe für die Angemessenheitskontrolle auf den Gerechtigkeitsgehalt gesetzlicher Regeln, von denen abgewichen wird, sowie auf wesentliche Rechte und Pflichten, die sich aus der Natur des Vertrages oder aus seinem von der Verkehrsanschauung gepräg-

Zusammenfassend läßt sich feststellen, daß im deutschen Recht eine wesentlich schärfere inhaltliche Kontrolle von Haftungsausschlußklauseln stattfindet als im englischen Recht. Die Beantwortung der Frage nach der Wirksamkeit bestimmter Klauseln hängt daher ganz wesentlich davon ab, nach welcher Rechtsordnung sie zu erfolgen hat.

Da Haftungsausschlußklauseln Vertragsbedingungen sind, richtet sich ihre Auslegung und inhaltliche Kontrolle ebenso wie die sonstiger vertraglicher Bestimmungen nach dem Vertragsstatut[23]. Es muß daher zunächst geprüft werden, wie dieses zu ermitteln ist (II). Weiter ist zu fragen, ob nicht der im materiellen Recht der Haftungsausschlußklauseln im Vordergrund stehende Gedanke des Schutzes vor unbilligen Klauseln Auswirkungen auf die Anknüpfung von Verträgen auf der Grundlage solcher Bedingungen haben muß (III).

II. Die Bestimmung des Vertragsstatuts

Die Anknüpfung von Verträgen ist in den Art. 7 - 31 EGBGB nicht geregelt[24]. Diese Gesetzeslücke ist durch Rückgriff auf bewährte, überlieferungsgemäße Rechtsprechung und Lehre auszufüllen[25].

Bei der Anknüpfung von Verträgen besteht in Rechtsprechung und Schrifttum Einigkeit darüber, daß primär der Wille der Parteien dafür ausschlaggebend ist, welche Rechtsordnung den Vertrag beherrscht (Parteiautonomie)[26]. Die Vereinbarung über das anzuwendende Recht kann ausdrücklich oder stillschweigend getroffen werden[27].

Fehlt eine Rechtswahl, so bestimmt sich das Vertragsstatut nach dem sogenannten hypothetischen Parteiwillen[28]. Dabei sind für die Feststel-

ten Leitbild ergeben, hingewiesen. Zusätzlich enthält der Gesetzentwurf in §§ 10 und 11 einen Katalog von Klauseln, die schlechthin oder bei Unangemessenheit im Einzelfall für unzulässig erklärt werden.

[23] Vgl. Reithmann/Martiny, Rdnr. 88 ff.

[24] Ursprünglich war eine gesetzliche Regelung des internationalen Schuldrechts vorgesehen, siehe Art. 11 - 14 des Gebhardschen Entwurfs, §§ 2366 - 2368 des Entwurfs der zweiten Kommission. Diese Regelungen sind jedoch nicht in das EGBGB aufgenommen worden.

[25] Zur Ausfüllung von Gesetzeslücken im IPR vgl. Ferid, Wechselbeziehungen, S. 120 f.; ders., IPR, S. 2; zu den Bedenken, die sich hier aus dem Rechtsstaatsprinzip ergeben, siehe Beitzke, Grundgesetz, S. 11 ff.

[26] Vgl. BGH 11. 2. 1953, BGHZ 9/34, 37; BGH 13. 11. 1953, IPRspr. 1952 - 53 Nr. 41; BGH 10. 1. 1958. DB 1958/162; BGH 30. 10. 1970, NJW 1971/320; BGH 22. 9. 1971, NJW 1972/391, 393; Soergel/Kegel, Rdnr. 220 vor Art. 7 EGBGB; Kegel, Lehrbuch, S. 255; Lewald, S. 199 ff.; Haudek, S. 1 ff.; Reithmann/Martiny, Rdnr. 2 f.; Gamillscheg, S. 303 ff.; Simitis, S. 210; Mann, S. 6 f.

[27] Vgl. Kegel, Lehrbuch, S. 257; Reithmann/Martiny, Rdnr. 2 ff., 13 ff.

[28] Vgl. BGH 13. 11. 1953, IPRspr. 1952 - 53 Nr. 41; BGH 7. 3. 1962, IPRspr. 1962 - 63 Nr. 18; BGH 23. 6. 1967, IPRspr. 1966 - 67 Nr. 28; BGH 22. 9. 1971, NJW 1972/391, 393; BGH 19. 9. 1973, WPM 1973/1236; Kegel, Lehrbuch, S. 257 ff.; Dölle, Lehrbuch, S. 125.

lung des hypothetischen Parteiwillens nicht die subjektiven Vorstellungen der Parteien entscheidend[29]. Vielmehr handelt es sich um die Ermittlung eines Schwerpunktes des Vertrages auf Grund einer objektiven Interessenabwägung[30].

Ist auch kein hypothetischer Parteiwille feststellbar, so entschied nach früher h. M. der Erfüllungsort über das die jeweilige Verpflichtung beherrschende Statut[31]. Diese Lehre wurde teilweise im Schrifttum heftig angegriffen[32], und zwar sowohl auf Grund der praktischen Schwierigkeiten, die ihre Anwendung mit sich brachte[33], als auch im Hinblick auf ihre dogmatische Unthaltbarkeit[34]. Diese Kritik hat dazu geführt, daß sich allmählich die Ansicht durchsetzt, es lasse sich stets ein Schwerpunkt des einzelnen Vertragsverhältnisses ermitteln, so daß sich ein Rückgriff auf den Erfüllungsort als subsidiären Anknüpfungspunkt erübrigt[35]. Neuerdings scheint auch die Rechtsprechung dieser Meinung zuzuneigen[36]. Noch nicht endgültig geklärt ist die Frage, wie die objektive Anknüpfung zu konkretisieren ist, d. h. welche Gesichtspunkte im einzelnen für die Heranziehung einer Rechtsordnung maßgeblich sind[37]. Im Vordringen scheint sich die Auffassung zu befinden, entscheidend sei der charakteristische Inhalt des fraglichen Vertrages[38].

---

29 Die subjektive Lehre vertreten Gamillscheg, S. 323 ff.; Mann, S. 7 ff.

30 Vgl. BGH 30. 3. 1955, BGHZ 17/89, 92; BGH 22. 11. 1955, BGHZ 19/110, 112 f.; BGH 22. 9. 1971, NJW 1972/391, 393; Reithmann/Martiny, Rdnr. 19 ff.

31 Vgl. BGH 23. 3. 1955, IPRspr. 1954 - 55 Nr. 17; BGH 14. 2. 1958, IPRspr. 1958 - 59 Nr. 39; BGH 22. 9. 1971, NJW 1972/391, 393; Kegel, Lehrbuch, S. 260; Dölle, Lehrbuch, S. 125.

32 So von Beitzke, Anm. zum Urteil des BGH vom 30. 3. 1955, JZ 1955, 586; Sandrock, S. 206 ff.; Ferid, IPR, S. 151 ff.

33 Die Anknüpfung an den Erfüllungsort verursacht bei gegenseitigen Verträgen eine Spaltung des Schuldverhältnisses. Zudem wird der Erfüllungsort in den verschiedenen Rechtsordnungen unterschiedlich bestimmt, vgl. Ferid, IPR, S. 151 f.; Kegel, Lehrbuch, S. 260 f.

34 Aus dogmatischen Gründen spricht gegen die Anknüpfung an den Erfüllungsort, daß bereits bei der Ermittlung des hypothetischen Parteiwillens der Erfüllungsort als bedeutsamer Hinweis auf eine bestimmte Rechtsordnung berücksichtigt wird und es daher unzulässig ist, nun nochmals auf ihn zurückzugreifen, vgl. Beitzke, Anm. zum BGH-Urteil vom 30. 3. 1955, JZ 1955, 586; Sandrock, S. 204 ff.; Ferid, IPR, S. 152.

35 Vgl. Raape, Lehrbuch, S. 486 f.; Rabel, S. 462 f., 482 ff.; Reithmann/Martiny, Rdnr. 66; Sandrock, S. 206; v. Hoffmann, Annahme, S. 517; Mann, S. 11.

36 Vgl. BGH 19. 9. 1973, WPM 1973/1236, 1237.

37 Zu den verschiedenen Lehren zur objektiven Anknüpfung von Verträgen vgl. Reithmann/Martiny, Rdnr. 58 ff.

38 Vgl. Schnitzer, Handbuch I, S. 52 ff.; ders., Zuordnung, S. 20 ff.; Sandrock, S. 135 ff.; Neuhaus, Grundbegriffe, S. 123 ff.; Ferid, IPR, S. 149; für die Anknüpfung an das Recht des Staates, in dem die Partei, welche die charakteristische Leistung zu erbringen hat, ihren gewöhnlichen Aufenthalt bzw. ihre Niederlassung hat, hat man sich auch in Art. 4 Abs. 2 des EG-Vorent-

Nach dieser Lehre gilt im einzelnen folgendes[39]: Am einfachsten läßt sich der charakteristische Inhalt bei einseitig verpflichtenden Verträgen feststellen; charakteristisch ist hierbei das einseitig verpflichtende Versprechen. Auch bei zweiseitigen Verträgen, bei denen eine Partei unentgeltlich leistet, bereitet die Feststellung des wesentlichen Inhalts des Vertrages keine Schwierigkeit; kennzeichnend für den Vertrag ist die unentgeltliche Leistung. In den praktisch bedeutsamen Fällen des gegenseitigen Vertrages läßt sich die charakteristische Leistung nicht so leicht ermitteln. Nach Ansicht von Schnitzer[40] präsentiert sich allerdings in der modernen Geldwirtschaft die Lösung „wie das Ei des Kolumbus", denn in der weitaus größten Zahl der erheblichen Tatbestände besteht eine der vertraglich geschuldeten Leistungen in einer Geldleistung, die mithin nicht als für das Vertragsverhältnis typisch angesehen werden könne[41]. Charakteristisch für den jeweiligen Vertrag sei vielmehr die für die Geldleistung erbrachte Gegenleistung, also beispielsweise beim Kauf die Lieferung der Ware, bei der Miete die Gebrauchsüberlassung an der Mietsache. Gegen diese Ansicht ist zu Recht eingewandt worden[42], daß es weder unter dem Gesichtspunkt der rechtlichen Natur des jeweiligen gegenseitigen Vertrages noch hinsichtlich seiner volkswirtschaftlichen, „soziologischen" Funktion gerechtfertigt ist, die Sachleistung allzusehr in den Vordergrund zu schieben. Auch ließen sich mit einer solchen rechtstheoretischen bzw. funktionellen Begründung keine Anknüpfungskriterien gewinnen. Für die Anknüpfung können allein kollisionsrechtliche Gesichtspunkte ausschlaggebend sein. Es sind daher die berechtigten Interesen der Parteien an der Anwendung ihres eigenen Rechts (d. h. des Rechts ihrer geschäftlichen Umwelt) und gegebenenfalls die Interessen der Allgemeinheit gegeneinander abzuwägen. Auf Grund dieser objektiven Interessenabwägung ist die zur Anwendung berufene Rechtsordnung zu bestimmen. Als allgemeine Richtlinie läßt sich dabei feststellen, daß diejenige Partei ein größeres Interesse an der Anwendung „ihrer" Rechtsordnung hat, deren Verbindlichkeit komplizierter und daher eingehender geregelt ist, da diese Partei bei Erfüllung ihrer Verpflichtungen mehr Regeln zu beachten hat als ihr Kontrahent. Charakteristisch für einen Vertrag und damit ausschlaggebend für die Anwendung einer bestimmten Rechtsordnung

---

wurfs eines Übereinkommens über das auf vertragliche und außervertragliche Schuldverhältnisse anwendbare Recht entschieden. Auch das schweizerische Bundesgericht hält das Recht der charakteristischen Leistung für die Anknüpfung von Schuldverträgen für entscheidend, vgl. BG 10. 6. 1952, BGE 78 II/190, 191.

[39] Vgl. Schnitzer, Handbuch II, S. 642 ff.; Neuhaus, Grundbegriffe, S. 124 f.

[40] Handbuch II, S. 643.

[41] Vgl. hierzu auch Giger, S. 64 f.

[42] Vgl. Kreuzer, S. 95 ff.

ist daher die Leistung, die komplizierter ist und infolgedessen eher Anlaß zu Rechtsstreitigkeiten gibt[43].

III. Möglichkeiten der Berücksichtigung des Schutzes des Schwachen im Rahmen des Vertragsstatuts

Das materielle Recht der Haftungsausschlußklauseln steht ganz im Zeichen des Verbraucherschutzes. Es fragt sich, ob dieser Gedanke auch bei der Anknüpfung von Verträgen im Internationalen Privatrecht zu berücksichtigen ist und inwieweit bei der herkömmlichen Art der Bestimmung des Vertragsstatuts der Schutz des Verbrauchers gewährleistet wird. Diese Fragen werden überwiegend im Zusammenhang mit der Parteiautonomie behandelt[44]. Sie stellen sich aber auch, wenn das Vertragsstatut nach objektiven Gesichtspunkten ermittelt wird.

1. Rechtfertigung und Kritik der Parteiautonomie

a) Im wesentlichen wird die Parteiautonomie mit einem negativen Argument gerechtfertigt: Da es bisher nicht gelungen ist, ein objektives Anknüpfungsmoment für Schuldverträge zu ermitteln, das einen allseitig befriedigenden Ausgleich der oft auf verschiedene Rechtsordnungen hinweisenden Parteiinteressen ermöglicht, überläßt man den Parteien die Entscheidung über das anwendbare Recht[45].

Als positives Argument für die Zulässigkeit der Rechtswahl wird angeführt, daß die Anknüpfung an den Parteiwillen zu größtmöglicher Rechtssicherheit führt und damit dem Interesse der Parteien Rechnung trägt, von Anfang an Klarheit über das auf den von ihnen geschlossenen Vertrag anwendbare Recht zu haben[46].

Ihre sachliche Rechtfertigung erhält die Parteiautonomie aus ähnlichen Gründen wie die Privatautonomie. Wie die materiellrechtliche Privatautonomie es den Parteien ermöglicht, den Vertrag ihren individuellen Bedürfnissen gemäß zu gestalten, so eröffnet ihnen die Partei-

---

[43] Vgl. Kreuzer, S. 97 f.: Kreuzer befürwortet die Anwendung des Verkäuferrechts mit der Begründung, die Verpflichtungen des Verkäufers seien vielschichtiger und daher eingehender geregelt. Der Verkäufer habe daher, wenn er seine Pflichten ordnungsgemäß erfüllen wolle, wesentlich mehr Rechtssätze zu beachten als der Käufer. Daher müsse bei einer objektiven Wertung der kollisionsrechtlichen Interessen von Käufer und Verkäufer an der Anwendung des eigenen Rechts billigerweise die Entscheidung zugunsten des Verkäufers fallen.

[44] Vgl. v. Hoffmann, Schutz des Schwächeren, S. 396 ff.; Kronstein, S. 271 ff.; Ehrenzweig, Adhesion Contracts, S. 1072 ff.

[45] Vgl. Mayer, S. 120; Kegel, Lehrbuch, S. 253 ff.; Umbricht, S. 51 ff.; v. Hoffmann, Schutz des Schwächeren, S. 397; Steindorff, S. 250.

[46] Vgl. Umbricht, S. 65 f.; v. Hoffmann, Schutz des Schwächeren, S. 397; Steindorff, S. 247; Lando, Consumer Contracts, S. 141.

autonomie die Chance, die für den konkreten Vertrag wesentlichen Verknüpfungen zu berücksichtigen.

b) Ebenso wie im materiellen Recht die uneingeschränkte Vertragsfreiheit zweifelhaft geworden ist, wird auch die kollisionsrechtliche Parteiautonomie fragwürdig. In der Privatrechtsdogmatik hat sich die Erkenntnis durchgesetzt, daß durch die Einräumung der Vertragsfreiheit die Vertragsgerechtigkeit nicht garantiert wird[47]. Soweit ungleiche Machtlagen bestehen, geht der Staat in zunehmendem Maße dazu über, Maßnahmen zum Schutz des Schwachen vor Machtmißbrauch durch eine wirtschaftlich starke Partei zu ergreifen[48].

In den Bereichen, in denen eine solche Einschränkung der Vertragsfreiheit stattgefunden hat, ist es auch sachlich nicht mehr gerechtfertigt, den Parteien die freie Rechtswahl zu ermöglichen[49]. Denn bei der Rechtswahl geht es praktisch nur um die Frage der zwingenden Normen da es den Parteien ohnehin freisteht, im Rahmen der zur Anwendung kommenden Rechtsordnung von der ihnen zustehenden Vertragsfreiheit Gebrauch zu machen und auf diese Weise ihre Geschäfte der Internationalität der Sachverhalte anzupassen[50]. Wollte man den Parteien auch in den Fällen, in denen zwingende Normen geschaffen worden sind, um den tatsächlich schwächeren Vertragspartner gegen den stärkeren zu schützen, gestatten, die Entscheidung über die Geltung der zwingenden Normen zu treffen, so hieße das dem Zweck der materiellrechtlichen Regelung zuwiderhandeln[51]. Denn damit würde man es dem stärkeren Vertragspartner ermöglichen, seine Machtstellung durch Auswahl einer Rechtsordnung zu mißbrauchen, die ihm nur geringe Bindungen zum Schutz des Schwachen auferlegt[52].

---

47 Vgl. Larenz, BGB AT, S. 41, Fußn. 3; Raiser, Zukunft des Privatrechts, S. 31 ff.

48 Vgl. Raiser, Zukunft des Privatrechts, S. 31 ff.; Rehbinder, Politisierung, S. 154; v. Hoffmann, Schutz des Schwächeren, S. 399.

49 Vgl. Ehrenzweig, Adhesion Contracts, S. 1088 f.; Neuhaus, Grundbegriffe, S. 172 f.; Steindorff, S. 248 f.; Simitis, S. 214; Kronstein, S. 265 ff., 273; Rehbinder, Politisierung, S. 155; v. Hoffmann, Handelsschiedsgerichtsbarkeit, S. 72; ders., Schutz des Schwächeren, S. 399; Neumayer, Vorbehaltsklausel, S. 194; vgl. ferner Lorenz, Vertragsabschluß, S. 181 ff.; Fikentscher, Arbeitsstatut, S. 205. Die Tatsache, daß dennoch keinerlei Kontrolle der Rechtswahlvereinbarung stattfindet, kommentiert Fikentscher so: „Damit steht die heute hochentwickelte „Kontrolle des gewollten Vertrages durch den gerechten Vertrag" (Larenz) im materiellen Schuldrecht und vor allem im Arbeitsvertragsrecht in eigentümlichem Gegensatz zum fast blinden Vertrauen in die Gerechtigkeit kollisionsrechtlich vereinbarter Rechtswahl."

50 Vgl. Steindorff, S. 246.

51 Vgl. Steindorff, S. 248.

52 Vgl. Kronstein, S. 277; Umbricht, S. 69; v. Hoffmann, Schutz des Schwächeren, S. 399.

2. *Rechtfertigung und Kritik der Anknüpfung an das Recht der charakteristischen Leistung*

a) Die Anknüpfung an das Recht der charakteristischen Leistung stellt einen Kompromiß zwischen der generalisierenden und der individualisierenden Anknüpfungsweise dar[53], die bislang im internationalen Vertragsrecht vorherrschend waren. Sie vermeidet einerseits die technischen Nachteile der starren, für alle Vertragsarten gleichermaßen geltenden Anknüpfungen, die teils zu zufälligen Ergebnissen (Abschlußort), teils zur Beurteilung eines einheitlichen Vertragsverhältnisses nach verschiedenen Rechtsordnungen (Erfüllungsort, Schuldnerwohnsitz) führen[54]; andererseits gewährleistet sie ein größeres Maß an Rechtssicherheit als die individualisierende Anknüpfung, nach der das maßgebende Vertragsstatut durch objektive Wertung der individuellen kollisionsrechtlichen Interessen der Parteien an Hand aller relevanten äußeren Umstände des Einzelfalles zu ermitteln ist[55]. Die Lehre von der charakteristischen Leistung hat daher den Vorzug, den ganzen Vertrag einem einheitlichen Statut zu unterstellen und ermöglicht eine weitgehende Vorhersehbarkeit des zur Anwendung kommenden Rechts. Daß sie die vorrangige Anknüpfung an die Rechtswahl nicht zu verdrängen vermag, liegt darin begründet, daß sie nur vertragstypische Anknüpfungsinteressen berücksichtigen und keine den Besonderheiten des jeweiligen Einzelfalls angepaßte Lösung ermöglicht[56].

b) Die Anknüpfung an das Recht der charakteristischen Leistung führt ebensowenig wie die Gewährung der Parteiautonomie zu einer angemessenen Berücksichtigung des Schutzes der schwächeren Partei: Stehen sich bei einem Vertrag Sach- oder Dienstleistungen auf der einen und Geldleistung auf der anderen Seite gegenüber, so ist nach dieser Lehre regelmäßig die Sach- oder Dienstleistung die vertragstypische Leistung und mithin das Recht der Partei maßgebend, die diese Leistung erbringt. Da bei den typischen Verbrauchergeschäften, z. B. Kauf, Miete, Personenbeförderung, die Partei, die die Geldleistung erbringt, die schwächere ist, kommt in diesen Fällen grundsätzlich das Recht der wirtschaftlich stärkeren Partei zur Anwendung. Diese Situation kann dazu führen, daß Unternehmen, die mit ausländischen Partnern Geschäfte abschließen, den Standort ihres Unternehmens mit Rücksicht darauf auswählen, welche Schutzbestimmungen zugunsten ihrer Vertragspartner das jeweilige Recht kennt[57].

---

[53] Vgl. Kreuzer, S. 84; Umbricht, S. 59.

[54] Vgl. v. Hoffmann, Schutz des Schwächeren, S. 397; Kreuzer, S. 85; Umbricht, S. 51 ff.

[55] Vgl. Nußbaum, Deutsches IPR, S. 221 ff.; Reitmann/Martiny, Rdnr. 20; Gamillscheg, S. 323 ff.; Umbricht, S. 55 ff.

[56] Vgl. v. Hoffmann, Schutz des Schwächeren, S. 398.

3. Ergebnis

Sowohl bei der Anknüpfung an den Parteiwillen als auch bei der Anknüpfung an das Recht der charakteristischen Leistung wird der Schutz der schwächeren Partei allein dem Vertragsstatut überlassen, ohne daß dieser Gedanke bei dessen Bestimmung eine Rolle spielte. Diese Regelung führt teilweise zu unbefriedigenden Ergebnissen, besonders im Hinblick darauf, daß sie der wirtschaftlich stärkeren Partei die Möglichkeit eröffnet, durch die Wahl einer Rechtsordnung bzw. eines günstigen Standortes für ihr Unternehmen, die Anwendung eines Rechts zu erreichen, daß ihr nur geringe Bindungen zum Schutz der schwächeren Partei auferlegt.

Auf deutsch-englische Verträge wirkt sich diese Regelung höchst unterschiedlich aus: Schließt beispielsweise ein englischer Kunde mit einem deutschen Unternehmen einen Vertrag ab und ist deutsches Recht Vertragsstatut, so wird der englische Kunde doppelt geschützt. Einerseits gilt für seine auf den Vertragsschluß gerichtete Erklärung neben dem deutschen Recht als Geschäftsstatut das ihm vertraute englische Recht, so daß ihm also die strengeren Regeln des englischen Rechts bezüglich der Einbeziehung von Haftungsausschlußklauseln zugute kommen. Andererseits erfolgt die inhaltliche Kontrolle der Klauseln nach deutschem Recht; insofern genießt der englische Kunde die im deutschen Recht geltende strenge Inhaltskontrolle. Genau entgegengesetzt wirkt sich die genannte Regelung aus, falls ein deutscher Kunde mit einem englischen Unternehmen einen Vertrag abschließt, wobei unterstellt wird, daß englisches Recht Vertragsstatut ist. In diesem Fall kommt der deutsche Kunde zwar in den Genuß der im englischen Recht bestehenden strengen Kontrolle der Einbeziehung von Haftungsausschlußklauseln in den Vertrag. Die einmal zum Inhalt des Vertrages gewordenen Klauseln werden jedoch inhaltlich nur nach den Regeln des englischen Rechts überprüft, d. h. eine Inhaltskontrolle findet nur in ganz beschränktem Umfang statt. Diese teilweise negative Auswirkung auf den Schutz des Kunden vor Freizeichnungsklauseln im internationalen Rechtsverkehr kann nicht hingenommen werden, vor allem, wenn man bedenkt, daß es für einen Kunden, der mit einem auf dem inländischen Markt auftretenden ausländischen Unternehmen in Vertragsverhandlungen eintritt, of nicht erkennbar sein wird, daß es sich bei seinem Geschäftspartner um ein ausländisches Unternehmen handelt.

Es ist daher zu überlegen, wie ein effektiver Schutz des Schwachen im internationalen Vertragsrecht gewährleistet werden kann. Hierzu bieten sich zwei Lösungsmöglichkeiten an, die Berücksichtigung von

[57] Vgl. Ehrenzweig, Treatise, S. 515; v. Hoffmann, Schutz des Schwächeren, S. 399, 400.

Normen zum Schutz des Schwachen außerhalb des Vertragsstatuts (4) und die Berücksichtigung des Schutzes der schwächeren Partei bei der Ermittlung des Schuldstatuts (5).

4. Schutz des Schwachen durch Berücksichtigung von Normen außerhalb des Vertragsstatuts

Soweit sich der Gesetzgeber auf der einen, Rechtsprechung und Lehre auf der anderen Seite mit der Frage befaßt haben, ob und in welchem Umfang der Schutz des Schwächeren im internationalen Vertragsrecht zu berücksichtigen ist[58], kamen sie zu der Überzeugung, dieser Schutz lasse sich durch Anwendung zwingender Normen außerhalb des Vertragsstatuts verwirklichen. In erster Linie wurde dabei an die Durchsetzung zwingender Vorschriften der lex fori gegenüber einem ausländischen Vertragsstatut gedacht (a)[59]. Zunehmend wird aber auch die Berücksichtigung ausländischer zwingender Bestimmungen außerhalb des Vertragsstatuts für möglich gehalten (b)[60].

a) Anwendung zwingender Normen der lex fori außerhalb des Vertragsstatuts

aa) Eine Möglichkeit, zwingende Vorschriften der lex fori neben dem ausländischen Vertragsstatut anzuwenden, bietet die Vorbehaltsklausel des Art. 30 EGBGB, die eine an sich bestehende Verweisung auf fremdes Recht zurücknimmt, wenn das Ergebnis der Anwendung dieses Rechts im Einzelfall gegen die guten Sitten oder den Zweck eines deutschen Gesetzes verstößt. Der Rückgriff auf den ordre public ermöglicht jedoch keinen ausreichenden Schutz der schwächeren Partei, da er nur ein äußerstes Notventil[61] sein soll, das der Durchsetzung grundlegender Gerechtigkeitsvorstellungen des Forumstaates dient. Die Anwendung der Vorbehaltsklausel setzt deshalb die Feststellung voraus, daß die Heranziehung einer ausländischen Vorschrift im Einzelfall[62] besonders kraß[63] gegen die Grundlagen der inländischen Rechtsordnung verstößt.

---

[58] Bisher ist diesem Problem nur wenig Aufmerksamkeit gewidmet worden. Zu den Gründen für diese Vernachlässigung vgl. v. Hoffmann, Schutz des Schwächeren, S. 400 - 402.

[59] Vgl. Wengler, S. 169 f.; v. Hoffmann, Schutz des Schwächeren, S. 418.

[60] Vgl. v. Hoffmann, Schutz des Schwächeren, S. 410; Wengler, S. 170 ff.

[61] Vgl. RG 29. 6. 1942, RGZ 169/240, 245; Kegel, Lehrbuch, S. 210 (Notbremse); Raape, Lehrbuch, S. 97.

[62] Vgl. BGH 17. 1. 1966, IPRspr. 1966 - 67 Nr. 5; Erman/Arndt, Rdnr. 3 zu Art. 30 EGBGB; Palandt/Heldrich, Anm. 2 zu Art. 30 EGBGB; Neuhaus, Grundbegriffe, S. 257; Kegel, Lehrbuch, S. 210.

[63] Vgl. RG 28. 6. 1918, RGZ 93/182, 183; BGH 29. 4. 1964, BGHZ 42/7, 13; Neuhaus, Grundbegriffe, S. 257; Schnitzer, Handbuch I, S. 233.

Es wäre daher stets im Einzelfall zu prüfen, ob die jeweilige, zum Schutz des Schwachen erlassene Vorschrift von solchem Gewicht ist, daß sie die Anwendung abweichenden ausländischen Rechts ausschließt. Das wird man von den zum Schutz des Verbrauchers vor unbilligen aGB erlassenen Vorschriften wohl nicht annehmen können[64], so daß sich der Art. 30 EGBGB in diesem Zusammenhang als unbrauchbar erweist.

bb) Teilweise werden heute auch schon zwingende Normen der lex fori zum Schutz des Schwachen unabhängig vom Vorliegen der Voraussetzungen des Art. 30 EGBGB neben dem Schuldstatut angewandt. So findet sich im Gesetz über den Vertrieb ausländischer Investmentanteile[65] die Bestimmung, daß einem Käufer von ausländischen Investmentanteilen bei Haustürkäufen innerhalb einer Frist von zwei Wochen nach Vertragsschluß ein durch Parteivereinbarung nicht abdingbares Rücktrittsrecht zusteht (§ 11 Abs. 1). Dieses Rücktrittsrecht gilt unabhängig davon, welcher Rechtsordnung der Anlagevertrag im übrigen untersteht.

Die Geltung deutschen Rechts neben dem ausländischen Vertragsstatut ist für bestimmte Fälle auch in § 12 des Gesetzes zur Regelung des Rechts der Allgemeinen Geschäftsbedingungen vorgesehen[66].

b) Anwendung ausländischer zwingender Normen außerhalb des Vertragsstatuts

Eine Möglichkeit, ausländisches zwingendes Recht neben dem Schuldstatut zu berücksitchigen, besteht darin, eine Vereinbarung zu seiner Übertretung gemäß § 138 BGB als sittenwidrig und damit nichtig anzusehen[67]. Diese Anwendung des § 138 BGB läßt sich als Normierung einer

---

[64] Allerdings hat das Reichsgericht in seiner Entscheidung vom 28. 3. 1931, IPRspr. 1931 Nr. 7, die Geltung des deutschen Abzahlungsgesetzes neben dem holländischen Vertragsstatut damit begründet, daß Sinn und Zweck dieses Gesetzes auf einer in Deutschland herrschenden sozialen Anschauung von grundlegender Art beruhten, so daß die ausschließliche Anwendung holländischen Rechts gegen den Zweck des genannten Gesetzes im Sinne von Art. 30 EGBGB verstoßen würde.

[65] Gesetz vom 28. 7. 1969, BGBl. I 986.

[66] § 12 lautet: „Unterliegt ein Vertrag ausländischem Recht oder dem Recht der Deutschen Demokratischen Republik, so sind die Vorschriften dieses Gesetzes gleichwohl zu berücksichtigen, wenn

1. der Vertrag auf Grund eines öffentlichen Angebots, einer öffentlichen Werbung oder einer ähnlichen im Geltungsbereich dieses Gesetzes entfalteten geschäftlichen Tätigkeit des Verwenders zustande kommt und
2. der andere Vertragsteil bei Abgabe seiner auf den Vertragsschluß gerichteten Erklärung seinen Wohnsitz oder gewöhnlichen Aufenthalt im Geltungsbereich dieses Gesetzes hat und seine Willenserklärung im Geltungsbereich dieses Gesetzes abgibt.“

[67] Vgl. Schricker, S. 70, Fußn. 47; Schulze, S. 61; Wengler, S. 202 ff.; BGH 24. 5. 1962, NJW 1962/1436, 1437; BGH 21. 12. 1960, BGHZ 34/169, 175 ff.

besonderen Art der Vorbehaltsklausel begreifen[68]. Während über Art. 30 EGBGB lediglich die Anwendung an sich berufenen ausländischen Rechts rückgängig gemacht wird, führt die Anwendung des § 138 BGB zur Berücksichtigung ausländischer zwingender Vorschriften.

Darüber hinaus sind in einigen Entwürfen (Art. 13 des Benelux-IPR-Entwurfs, Art. 7 des Vorentwurfs eines EG-Übereinkommens über das auf vertragliche und außervertragliche Schuldverhältnisse anwendbare Recht, § 187 (2) des amerikanischen Restatement Second) Bestimmungen vorgesehen, wonach unabhängig vom Schuldstatut bestimmte zwingende Vorschriften eines anderen, ebenfalls mit dem Sachverhalt verknüpften Rechts zu beachten sind.

c) Kritik

Auch die Anwendung zwingender inländischer und/oder ausländischer Normen neben dem Vertragsstatut führt zu keinem ausreichenden Schutz der schwächeren Partei. Berücksichtigung finden nämlich nicht generell alle zwingenden Vorschriften der anderen, ebenfalls mit dem Vertrag verknüpften Rechtsordnung, sondern nur solche Normen, deren Anwendung für den betreffenden Staat von besonderer Wichtigkeit ist[69].

Hier ist zunächst zu fragen, ob die zum Schutz des Schwächeren bestehenden Vorschriften dazu zu rechnen sind. Nach einer Meinung ist die Abgrenzung danach vorzunehmen, ob die Normen ausschließlich dem Schutz Privater dienen oder ob sie auch im öffentlichen Interesse erlassen worden sind[70]. Folgt man dieser Ansicht, so gehören die zum Schutz des Verbrauchers geschaffenen Normen nicht in den Kreis der außerhalb des Vertragsstatuts zu berücksichtigenden Vorschriften. Geht man davon aus, daß eine solche Klassifizierung der Normen nicht möglich ist, da in unserem Sozialstaat auch der Schutz Privater öffentliche

---

[68] Vgl. Schulze, S. 62, 179 ff.

[69] Nach § 187 (2) des Restatement Second ist eine Rechtswahl unbeachtlich, wenn die Anwendung des gewählten Rechts einer „fundamental policy“ eines dritten Staates widerspricht, der ein „materially greater interest“ an der Anwendung seiner Vorschriften hat als der gewählte Staat und das Recht dieses dritten Staates mangels einer Rechtswahl der Parteien anwendbar gewesen wäre. — In Art. 7 des EG-Vorentwurfs ist die Anwendung von Vorschriften außerhalb des Vertragsstatuts für den Fall vorgesehen, daß der Vertrag auch Verbindungen zu einem anderen Staat aufweist und das Recht dieses Staates Vorschriften enthält, die den Sachverhalt zwingend in einer Weise regeln, welche die Anwendung jedes anderen Rechts ausschließt. Darüber hinaus ist erforderlich, daß Art und Zweck dieser Vorschriften ihre Anwendung rechtfertigen können.

[70] Vgl. Sumampouw, Anm. zu den dort veröffentlichten schweizerischen Entscheidungen zur Rechtswahl im Vertragsrecht, RabelsZ 30 (1966) 342; ebenso Neuhaus, Grundbegriffe, S. 58 f.

Aufgabe ist[71], so können grundsätzlich auch Vorschriften mit privatschützender Tendenz unabhängig vom Vertragsstatut angewandt werden[72]. Auch in diesem Fall ist jedoch vor Anwendung einer Norm jeweils festzustellen, ob gerade ihre Anwendung für den betreffenden Staat von besonderer Wichtigkeit ist. Ob durch eine solche Beachtung einzelner grundlegender Bestimmungen der vom Gesetzgeber angestrebte Schutz des Verbrauchers verwirklicht werden kann, erscheint äußerst zweifelhaft[73].

5. *Berücksichtigung des Schutzes des Schwächeren bei Ermittlung des Vertragsstatuts*

Ein umfassender Schutz der schwächeren Partei ließe sich dadurch erreichen, daß man diesem Gesichtspunkt bereits bei der Ermittlung des Vertragsstatuts entscheidende Bedeutung beimessen würde. Bei der Anknüpfung internationaler Schuldverträge wären danach zwei Fallgruppen zu unterscheiden:

— Verträge zwischen wirtschaftlich gleich starken Partnern: Hierher sind in der Hauptsache Verträge zwischen Vollkaufleuten zu rechnen, die diese im Rahmen ihres Geschäftsbetriebes abschließen.

— Verträge zwischen einer wirtschaftlich starken und einer wirtschaftlich schwächeren Partei. Zu dieser Gruppe gehören Arbeitsverträge, Verträge mit Verbrauchern[74] und Verträge mit kleinen Gewerbetreibenden, wie z. B. Bauern und Minderkaufleute[75].

Das Schutzbedürfnis der schwächeren Vertragspartei spielt nur bei der zuletzt genannten Gruppe von Verträgen eine Rolle. Die erste

---

71 Vgl. v. Hoffmann, Schutz des Schwächeren, S. 408 f.; siehe ferner Rehbinder, Politisierung, S. 155; Mertens, S. 397 f.; Koppensteiner, S. 159 ff.

72 Vgl. hierzu Rehbinder, Politisierung, S. 155: „Bemerkenswert ist dabei, daß diese Lehre, die sich ursprünglich mit dem Einfluß öffentlich-rechtlich fundierter Privatrechtsnormen (vornehmlich des Wirtschaftsrechts) auf Privatrechtsverhältnisse mit Auslandselementen befaßte, heute der Unterscheidung zwischen öffentlichem und Privatrecht zunehmend eine Absage erteilt: Entweder wendet man ohne Rücksicht auf diese Unterscheidung ausländisches Recht an, das öffentlichen Interessen dient oder aber man gelangt — unter Betonung des Äquivalenzgedankens — sogar zur offenen Sonderanknüpfung von Privatrecht, das — nach dem zugrundegelegten Rechtsverständnis — lediglich dem einzelnen aus sozialstaatlichen Gründen einen besonderen Schutz gewährt (Arbeitsrecht, Käuferschutz usw.)."

73 Vgl. Lando, EC Draft Conveniton, S. 36: "The endeavours of the legislator to face the social inequalities cannot be satisfied through a peacemeal application of his most 'urgent' rules only ..."

74 Unter Verbrauchern sollen hier diejenigen Personen verstanden werden, die Verträge mit Unternehmen zur Befriedigung ihrer eigenen Bedürfnisse abschließen; vgl. zum Verbraucherbegriff auch Eith, S. 16 f.

75 Das Schutzbedürfnis dieses Personenkreises wird fast allgemein anerkannt, vgl. Lindacher, S. 296; Löwe, S. 373, Fußn. 1.

Gruppe kann daher ohne Bedenken nach der herkömmlichen Methode angeknüpft werden. Für die zweite Gruppe muß dagegen überlegt werden, welchen Einfluß der Gesichtspunkt der Schutzbedürftigkeit der schwächeren Partei auf die Anknüpfung von Verträgen haben muß.

a) Zunächst einmal ist festzustellen, daß es bei dieser Gruppe von Verträgen nicht gerechtfertigt erscheint, den Parteien die Wahl des maßgeblichen Rechts völlig frei zu stellen. Grundlage für die Gewährung der Wahlfreiheit ist die Überlegung, die Parteien seien selbst am ehesten in der Lage zu entscheiden, die Anwendung welchen Rechts ihren Interessen am besten entspricht[76]. Eine solche Vereinbarung scheint zu gewährleisten, daß die Interessen beider Vertragspartner angemessen berücksichtigt werden. Diese Gewähr ist jedoch bei Verträgen der hier behandelten Art nicht gegeben, da in der Mehrzahl der Fälle die Rechtswahl nicht frei ausgehandelt, sondern einseitig getroffen wird[77]. Das ergibt sich schon aus der Tatsache, daß die Rechtswahl meist durch eine entsprechende, in den aGB des Unternehmers enthaltene Klausel erfolgt. Bei einer solchen Rechtswahl bleibt das Interesse der schwächeren Partei an der Anwendung eines ihr günstigen Rechts, d. h. eines Rechts, das einen möglichst umfassenden Schutz dieser Partei vorsieht, vollkommen außer Betracht. Unberücksichtigt bleibt zugleich das (sozialpolitische) Interesse des Staates[78] an der Durchsetzung seiner zum Schutz des Verbrauchers bestehenden Vorschriften. Dieser Interessenkonflikt läßt sich nur durch eine Beschränkung der Parteiautonomie lösen.

Der Gedanke, die den Parteien bislang gewährte völlige Freiheit in der Wahl des anwendbaren Rechts einzuschränken, ist nicht neu. So enthält beispielsweise der Vorschlag zu einer EG-Verordnung des Rates über das auf Arbeitsverhältnisse innerhalb der Gemeinschaft anzuwendende Konflichtsrecht[79] die Bestimmung, daß eine Rechtswahl grundsätzlich unzulässig ist, Art. 3 Abs. 2. Nur ausnahmsweise wird den Parteien bei bestimmten Arbeitsverhältnissen unter Wahrung der Schriftform und unter Vorbehalt der am Betriebsort geltenden Schutzvorschriften für Arbeitnehmer das Recht eingeräumt, zwischen genau bezeichneten Rechtsordnungen zu wählen, Art. 4 Abs. 1, Art. 6 Abs. 1[80].

---

[76] Vgl. Kegel, Lehrbuch, S. 255; Umbricht, S. 68.

[77] Vgl. Siehr, S. 574.

[78] Vgl. hierzu Rehbinder, Politisierung, S. 154 f.; Martens, S. 185 ff., 190; v. Hoffmann, Schutz des Schwächeren, S. 408 f.; Lando, EC Draft Convention, spricht von „interests of the community“ (S. 17) und „interests of a state“ (S. 35).

[79] Vorschlag vom 23. 3. 1972 ABLEG Nr. C 49/26 vom 18. 5. 1972; dieser Vorschlag ist mit Begründung abgedruckt in RabelsZ 37 (1973) S. 585 ff.

[80] Eine weitere Beschränkung der Parteiautonomie findet sich in Art. 2 Abs. 3 des EG-Vorentwurfs eines Übereinkommens über das auf Schuldver-

Ähnlichen Beschränkungen muß die Parteiautonomie überall dort unterliegen, wo — ebenso wie im Individualarbeitsrecht — die Verhandlungsposition der Vertragsparteien ungleich ausgestaltet ist[81].

Zu überlegen bleibt, in welchem Umfang die Wahlfreiheit der Parteien beschränkt werden sollte. Ausgangspunkt dieser Überlegung muß sein, daß die Parteiautonomie eingeschränkt werden soll, um den wirtschaftlich stärkeren Vertragspartner daran zu hindern, den Vertrag — ohne Rücksicht auf die Interessen der anderen Partei — einer ihm erwünschten Rechtsordnung zu unterstellen. Meist wird die stärkere Partei darauf bedacht sein, das Recht zu wählen, das an ihrem Geschäftssitz gilt, so daß alle von ihr abgeschlossenen Verträge einer einzigen Rechtsordnung unterstehen (was für sie praktisch, bequem und kostensparend ist). Dieser Tendenz der Unternehmen ließe sich wirkungsvoll dadurch begegnen, daß man die Wahlmöglichkeit auf solche Rechtsordnungen beschränkt, denen die schwächere Partei durch ihren gewöhnlichen Aufenthalt[82] oder den Ort ihrer Leistung[83] verbunden ist.

Ihrem Schutzzweck entsprechend gilt diese Regel jedoch nur mit der Maßgabe, daß, soweit die von den Parteien gewählte Rechtsordnung Bestimmungen enthält, die einen wirksamen Schutz des Verbrauchers

---

hältnisse anwendbare Recht; zur Einschränkung der Prorogationsbefugnis aus Gründen des sozialen Schutzes hat das LAG Düsseldorf Stellung genommen, vgl. LAG Düsseldorf 16. 5. 1972, AWD 1973, S. 31 f. m. Anm. Trinkner.

81 Vgl. Siehr, S. 573; für Konsumentenverträge: Lando, Consumers Contracts, S. 141 ff., 153; für Verträge mit aGB: Ehrenzweig, Adhesion Contracts, S. 1072 ff. Dementsprechend sah der Entwurf eines Gesetzes zur Regelung des Rechts der AGB eine Bestimmung vor, wonach die Vereinbarung der Geltung ausländischen Rechts in Fällen, in denen der Kunde seinen Wohnsitz oder gewöhnlichen Aufenthalt im Geltungsbereich des Gesetzes hatte, stets unzulässig sein sollte. Diese Bestimmung ist in stark abgeschwächter Form in das neue AGBG übernommen worden. Sie hat ihren Standort nunmehr innerhalb des Katalogs der Klauselverbote mit Wertungsmöglichkeit gefunden und sieht die Unwirksamkeit einer Rechtswahl nur noch für den Fall vor, daß kein anerkennenswertes Interesse an einer solchen Vereinbarung besteht. Diese Regelung dürfte als Schutzvorschrift zugunsten von Verbrauchern unzureichend sein. Sie ist im Grunde auch überflüssig, da im Ergebnis im IPR allgemein die Ansicht vertreten wird, eine Rechtswahl sei unzulässig, wenn kein anerkennenswertes Interesse an der Herrschaft des gewählten Rechts erkennbar sei, vgl. Raape, Lehrbuch, S. 460 ff.; Dölle, Lehrbuch, S. 125; Ferid, IPR, S. 145. Den vom Gesetzgeber intendierten Schutz des Verbrauchers fördert die Vorschrift nur dann, wenn man besonders strenge Anforderungen an das Vorliegen eines anerkennenswerten Interesses stellt. Zutreffend unter diesem Gesichtspunkt die Ausführungen von Brandner in Ulmer/Brandner/Hensen, Rdnr. 7 zu § 10 Nr. 8.

82 Dafür spricht sich Lando, EC Draft Convention, S. 19, aus; er ist im übrigen der Ansicht, den Parteien sollte es nur freistehen, eine Rechtsordnung zu wählen, die eine starke räumliche Verknüpfung zu dem Vertrag aufweist und deren Geltung die schwächere Partei nicht belastet, ebd. S. 19; ders., Consumers Contracts, S. 153 f.

83 Vgl. Siehr, S. 574.

ermöglichen, diese Bestimmungen des gewählten Rechts als zwischen den Parteien vereinbarte Vertragsbedingungen Gültigkeit erlangen[84].

b) Auch die Lehre von der objektiven Anknüpfung von Verträgen im internationalen Schuldrecht bedarf im Hinblick auf den Gesichtspunkt des Verbraucherschutzes gewisser Modifikationen.

Bei der objektiven Anknüpfung ist, wie wir gesehen haben[85], das Recht der charakteristischen Leistung maßgebend. Dabei ist man sich darüber einig, daß grundsätzlich nicht die Geldleistung, sondern die Sach- oder Dienstleistung als die charakteristische Leistung anzusehen ist[86]. Diese Beurteilung beruht auf einer Abwägung der kollisionsrechtlichen Interessen der Parteien an der Anwendung ihres eigenen Rechts[87]. Die Interessen der Partei, die die Sach- bzw. Dienstleistung zu erbringen hat, werden dabei generell als ausschlaggebend angesehen, weil deren Leistung komplizierter sei und infolgedessen eher Anlaß zu Rechtsstreitigkeiten gebe. Diese Interessenbewertung ist aber keineswegs zwingend. Sie läßt völlig außer Betracht, daß bei Verbrauchergeschäften die Partei, die die Sach- oder Dienstleistung erbringt, typischerweise die wirtschaftlich stärkere ist. Diese Partei ist ohnehin in der Lage, für sie wesentlich erscheinende Fragen durch Bestimmungen in ihren aGB zu regeln; sie kann mit anderen Worten ihre Interessen durch eine entsprechende Ausgestaltung des Vertrages selbst wahrnehmen. Diese Möglichkeit besteht für den anderen Vertragsteil nicht. Er ist darauf angewiesen, den Vertrag mit dem Inhalt abzuschließen, den ihm der Klauselanwender gegeben hat; anderenfalls muß er auf den Abschluß des Vertrages verzichten[88]. Seine Interessen werden fast ausschließlich durch die zu seinem Schutz bestehenden zwingenden Vorschriften gewahrt. Daher muß bei der Wertung der kollisionsrechtlichen Interessen des Klauselverwenders auf der einen und seines Vertragspartners auf der anderen Seite an der Anwendung des eigenen Rechts die Entscheidung billigerweise zugunsten des Klauselunterworfenen fallen[89]. Dieses Ergebnis wird gestützt durch die Erwägung, daß es dem inländischen Verbraucher oft gar nicht erkennbar sein wird, ob sein Vertragspartner ein in- oder ausländisches Unternehmen ist. Er wird daher bei dem Auftreten ausländischer Unternehmen auf dem inländi-

---

84 Vgl. Lando, Consumers Contracts, S. 154.

85 Siehe o. 2. Teil D II.

86 Siehe o. 2. Teil D II.

87 Siehe o. 2. Teil D II.

88 Selbst wenn der Unternehmer zu Verhandlungen über den Inhalt der aGB bereit wäre, besteht für den Verbraucher keine Gestaltungsfreiheit, da es für ihn wirtschaftlich nicht sinnvoll wäre, in jedem Falle Zeit und Geld für eine günstigere Ausgestaltung der Vertragsbedingungen aufzuwenden; vgl. zu diesem Argument Kötz, S. 31 ff.

89 Vgl. hierzu auch Siehr, S. 576.

schen Markt davon ausgehen, daß sein eigenes Recht auf seine Rechtsbeziehungen zu diesem Unternehmen anwendbar ist und sich aus diesem Grunde nicht der Gefährdung bewußt werden, die darin besteht, daß die dem Schutz seiner Interessen dienenden inländischen Rechtssätze einem ausländischen Recht weichen, das unter Umständen keinen entsprechenden Schutz kennt[90].

Die hier vertretene Auffassung steht auch im Einklang mit der richtig verstandenen Lehre von der charakteristischen Leistung. Während man früher in der Tat die Sach- oder Dienstleistung stets als die für den jeweiligen Vertrag typische Leistung ansprechen konnte, ist heute auf Grund der umfangreichen modernen Schutzgesetzgebung eine Änderung in der Vertragstypenlehre eingetreten, die zur Folge hat, daß in bestimmten Fällen die Geldleistung als vertragstypisch und damit im kollisionsrechtlichen Sinn als charakteristisch für einen Vertrag angesehen werden muß. So ist beispielsweise das Abzahlungsgeschäft nicht etwa durch die Sachleistung des Verkäufers, sondern durch die Geldleistung des Abzahlungskäufers charakterisiert[91]. Zwar ist in den Bestimmungen des Abzahlungsgesetzes die Rede von Kauf, Verkäufer, Käufer usw., so daß die Annahme naheliegt, es handle sich beim Abzahlungsgeschäft um eine Sonderform des Kaufvertrages. Indessen weist das Abzahlungsgeschäft wesentliche Elemente auf, die einer solchen Einordnung widersprechen: Es handelt sich dabei um die gemäß § 1 a AbzG erforderliche Schriftform als Gültigkeitsvoraussetzung des Vertrages sowie um die dem „Käufer“ eingeräumte Widerspruchsfrist gemäß § 1 b AbzG[92]. Gegen die Einstufung als Kaufvertrag spricht schließlich das in § 6 AbzG niedergelegte Umgehungsverbot. Nach dieser Vorschrift werden vom Abzahlungsgesetz alle Verträge erfaßt, die darauf abzielen, die Zwecke eines Abzahlungsgeschäfts in einer anderen Rechtsform zu erreichen. Daraus ist zu entnehmen, daß ungeachtet der Rechtsform alle Rechtsgeschäfte vom Abzahlungsgesetz erfaßt werden sollen, die den Zweck verfolgen, einer barzahlungsunfähigen Partei den Abschluß eines Vertrages dadurch zu ermöglichen, daß sie ihre Leistung ratenweise erbringen kann. Das Wort „Kauf“ im Abzahlungsgesetz ist daher gegen die verschiedensten Formen rechtlicher Übereinkunft, wie z. B. Mietvertrag, Werkvertrag usw. austauschbar[93].

Ebenso läßt sich die Ansicht vertreten, bei Verträgen auf der Grundlage von Haftungsausschlußklauseln sei die Leistung des Klauselunterworfenen typisch für das Vertragsverhältnis und damit ausschlaggebend

---

[90] Vgl. Arbeitsgruppe beim BMdJ, Erster Teilbericht, S. 96 f.

[91] Vgl. Giger, S. 63 ff.

[92] Zu den entsprechenden Bestimmungen des schweizer Obligationsrechts vgl. Giger, S. 72.

[93] Vgl. Giger, S. 76 ff.

für das zur Anwendung kommende Recht. Denn auch bei diesen Verträgen gelten unabhängig von dem jeweiligen Vertragstyp stets die Regeln über Einbeziehung, Auslegung und Inhaltskontrolle von Haftungsausschlußklauseln. Das kommt besonders deutlich in § 1 des Gesetzes zur Regelung des Rechts der Allgemeinen Geschäftsbedingungen zum Ausdruck, in dem es heißt:

...

„Gleichgültig ist, ob die Bestimmungen einen äußerlich gesonderten Bestandteil des Vertrages bilden oder in die Vertragsurkunde selber aufgenommen werden, welchen Umfang sie haben, in welcher Schriftart sie verfaßt sind und welche Form der Vertrag hat."

§ 7 des AGB-Gesetzes schreibt ferner ausdrücklich vor, daß das Gesetz auch dann Anwendung findet, wenn seine Vorschriften durch anderweitige Gestaltungen umgangen werden.

Auch hier tritt also die Sach- oder Dienstleistung in den Hintergrund, entscheidend ist die Verwendung von Haftungsausschlußklauseln, die stets dazu führt, daß die zum Schutze des Klauselunterworfenen bestehenden Normen zur Anwendung kommen. Insofern kann man sagen, daß Verträge auf der Grundlage von Haftungsausschlußklauseln einen besonderen Vertragstyp darstellen, den man den individuell ausgehandelten Verträgen gegenüberstellen kann. Die Lehre von der Anknüpfung an das Recht der charakteristischen Leistung ist deshalb dahingehend zu modifizieren, daß in Konsumentenverträgen — und hier speziell in Verträgen mit Haftungsausschlußklauseln — stets die Leistung des Verbrauchers als die charakteristische anzusehen ist, so daß diese Verträge dem Recht unterstehen, das am gewöhnlichen Aufenthalt des Verbrauchers gilt.

c) Voraussetzung für die Anwendbarkeit der oben unter a) und b) entwickelten Grundsätze ist, daß das zu beurteilende Vertragsverhältnis gewisse räumliche Beziehungen zum Geltungsbereich des Rechts am gewöhnlichen Aufenthalt des Klauselunterworfenen hat. Anhaltspunkt hierfür kann wiederum die Regelung des Art. 7 Abs. 3 EGBGB sein, d. h. entscheidend ist, an welchem Ort sich der Verbraucher bei Abgabe seiner Willenserklärung befunden hat. Hat er sie im Geltungsbereich des Rechts seines gewöhnlichen Aufenthalts abgegeben, sei es durch mündliche Erklärung gegenüber seinem Vertragspartner, sei es durch Absenden einer schriftlichen Erklärung von seinem Aufenthaltsort aus, so müssen die oben dargelegten Grundsätze zur Anwendung kommen. Schließt der Verbraucher bzw. Klauselunterworfene während eines Aufenthaltes im Ausland mit einem dort ansässigen Unternehmen einen Vertrag, so können die zu seinem Schutz entwickelten Grundsätze nicht zur Anwendung gelangen, da es an der hierzu erforderlichen Inlandsbeziehungen des Sachverhalts fehlt[94].

d) Soweit nach den oben entwickelten Regeln eine Rechtswahl zulässig ist, fragt es sich, nach welchem Recht sich deren Gültigkeit bestimmt.

Teilweise wird die Ansicht vertreten, die Wirksamkeit des Verweisungsvertrages bestimme sich nach der lex fori[95]. Diese Ansicht ist insofern zutreffend, als das Recht des Forumstaates über die Zulässigkeit der Rechtswahl entscheidet[96]. Es erscheint aber bedenklich, auch die Gültigkeit der Rechtswahl nach der lex fori zu beurteilen. Erkennt nämlich das Recht des Forums die Möglichkeit der Rechtswahl an, so wird damit klargestellt, daß keine öffentlichen Interessen durch diese Rechtswahl betroffen werden. Es geht lediglich um die Belange Privater, so daß die Anwendung der lex fori ihren Sinn verliert[97]. Darüber hinaus stünde die Heranziehung der lex fori auch in Widerspruch zu dem mit der Vorherrschaft der Parteiautonomie verfolgten Zweck[98].

Das Zustandekommen der professio iuris ist daher dem für den Hauptvertrag geltenden Recht zu unterstellen[99]. Insoweit gelten dieselben Regeln wie für den Vertragsschluß allgemein. Primärer Anknüpfungspunkt ist das von den Parteien gewählte Recht. Hiergegen wird häufig der Einwand des circulus vitiosus erhoben, der darin liegen soll, daß man die Wirksamkeitsvoraussetzungen einer Rechtsordnung entnimmt, deren Anwendbarkeit das Ergebnis der Prüfung sein soll[100].

Dieses Argument vermag jedoch nicht zu überzeugen. Haben die Vertragsparteien das ihnen genehme Recht ausdrücklich oder stillschweigend durch den Inhalt der Vertragsbestimmungen unzweideutig festgelegt, so ist es durchaus zulässig, dieses „tatsächlich" bezeichnete Recht zur Prüfung der Wirksamkeit der Konsenserklärung heranzuziehen[101]. Eine petitio principii ist in dieser Prüfung deshalb nicht zu sehen, weil die Maßgeblichkeit des von den Parteien gewählten Rechts für die Frage der Wirksamkeit der Vereinbarung nicht etwa als rechtsgeschäftliche Folge der Erklärungen gesehen wird; vielmehr sieht man in der

---

[94] Vgl. die in § 12 des AGB-Gesetzes getroffene Regelung; Lando, EC Draft Convention, S. 21.

[95] Vgl. Raape, Lehrbuch, S. 468; Haudek, S. 91; Moser, S. 232; Wahl, S. 804 f.; LG Mainz 10. 12. 1971, AWD 1972/298 m. Anm. Ebsen/Jayme.

[96] Vgl. Reithmann/Martiny, Rdnr. 5.

[97] Vgl. v. Hoffmann, AWD 1972, 417 f.; Fr. Graf von Westphalen, S. 596.

[98] Vgl. Simitis, S. 216.

[99] Vgl. v. Hoffmann, Annahme, S. 518; Soergel/Kegel, Rdnr. 234 vor Art. 7 EGBGB.

[100] Vgl. Moser, S. 179 ff.; LG Mainz 10. 12. 1971, AWD 1972/298 f.

[101] Vgl. Ebsen/Jayme, Anm. zum Urteil des LG Mainz vom 10. 12. 1971, AWD 1972, 300; Fr. Graf von Westphalen, S. 596; Dölle, Haager Konferenz, S. 173; Neuhaus, Grundbegriffe, S. 172; vgl. ferner BGH 29. 11. 1961, IPRspr. 1960 - 61 Nr. 40.

Parteiverweisung das Tatbestandsmerkmal, an welches das Kollisionsrecht die Zuständigkeit der gewählten Rechtsordnung knüpft — und zwar zunächst die Vereinbarung als Faktum für die Feststellung der rechtsgeschäftlichen Gültigkeit und dann die rechtswirksame Vereinbarung für die Prüfung des Hauptvertrages[102].

Geht man bei der Wirksamkeitsprüfung einer kollisionsrechtlichen Verweisung von der tatsächlichen gemeinsamen Erklärung der Parteien über das anzuwendende Recht aus, so kann man nicht umhin zu fragen, wann de facto eine solche gemeinsame Bezeichnung vorliegt. Diese Frage wird vor allem bei Rechtswahlklauseln relevant, die sich in den aGB eines Vertragspartners befinden. Hier wird zu Recht darauf hingewiesen, daß eine solche, nur einseitige Rechtswahlklausel, zu der die andere Vertragspartei geschwiegen hat, nicht ausreicht. Vielmehr müssen beide Parteien ein Verhalten zeigen, daß einen eindeutigen Bezug zu der Rechtswahlerklärung aufweist[103]. Entspricht die Rechtswahlklausel nicht dieser Voraussetzung, so ist damit noch nicht negativ über ihre Wirksamkeit entschieden. Bei dieser Fallgestaltung ist entsprechend dem nach objektiven Gesichtspunkten zu ermittelnden Vertragsstatut über das Zustandekommen eines Verweisungsvertrages zu entscheiden.

E. Ergebnis für die Beurteilung deutsch-englischer Verträge auf der Grundlage von Haftungsausschlußklauseln im internationalen Privatrecht

Die in den beiden vorangehenden Kapiteln entwickelten Anknüpfungsregeln für deutsch-englische Verträge auf der Grundlage von Haftungsausschlußklauseln lassen sich wie folgt zusammenfassen:

I.

Die Einbeziehung von Haftungsausschlußklauseln in einen Vertrag unterliegt denselben Regeln wie der Abschluß eines Vertrages. Zur Anwendung kommt daher

1. grundsätzlich das hypothetische Vertragsstatut,

2. daneben, für die Frage, ob überhaupt ein rechtserhebliches Verhalten vorliegt, das dem „Erklärenden" vertraute Recht — d. h. das Recht seines gewöhnlichen Aufenthalts bzw. Geschäftssitzes — falls er nicht bei Abschluß des Vertrages im Inland anwesend war, Art. 7 Abs. 3 EGBGB analog.

---

[102] Vgl. Neuhaus, Grundbegriffe, S. 172; Dölle, Haager Konferenz, S. 173.

[103] Vgl. Ebsen/Jayme, Anm. zum Urteil des LG Mainz vom 10. 12. 1971, AWD 1972, 300; v. Hoffmann, Annahme, S. 519.

3. Ist nach diesen Grundsätzen deutsches Recht anwendbar, so sind u. U. auch im deutschen Recht Sonderregeln zu beachten.

a) Ist für den deutschen Unternehmer erkennbar, daß sein englischer Kunde nicht mit der Geltung von Haftungsausschlußklauseln rechnet, so trifft ihn gemäß § 242 BGB eine Aufklärungspflicht.

Dies gilt insbesondere, wenn sein Vertragspartner kein Kaufmann ist.

b) Zur inhaltlichen Bestimmung dieser Aufklärungspflicht lassen sich die englischen Rechtsregeln, insbesondere die Lehre von der „notice", heranziehen.

II.

Die Regeln über Auslegung und Inhaltskontrolle von Haftungsausschlußklauseln sind Bestimmungen des materiellen Schuldrechts und unterstehen folglich dem Vertragsstatut.

1. Das Schuldstatut wird in Verträgen mit Freizeichnungsklauseln nach verschiedenen Grundsätzen ermittelt, je nachdem es sich um Verträge unter Kaufleuten oder um solche zwischen einem Kaufmann und einer Privatperson handelt.

a) Verträge zwischen (Voll-)Kaufleuten:

aa) Hier ist in erster Linie der Parteiwille maßgebend.

bb) Liegt keine Rechtswahl vor, so ist das Recht am gewöhnlichen Aufenthalt bzw. Geschäftssitz derjenigen Partei maßgebend, die die charakteristische Leistung erbringt.

b) Verträge, an denen eine Privatperson (Verbraucher) beteiligt ist:

aa) Eine Rechtswahl ist in diesen Verträgen nur in beschränktem Umfang zulässig, nämlich nur soweit die schwächere Partei der gewählten Rechtsordnung durch ihren gewöhnlichen Aufenthalt oder Leistungsort verbunden ist.

bb) Wird das Vertragsstatut nach objektiven Gesichtspunkten bestimmt, so ist das Recht am gewöhnlichen Aufenthalt der wirtschaftlich schwächeren Partei maßgebend.

cc) Diese Grundsätze gelten nur, wenn der Verbraucher seine auf den Abschluß des Vertrages gerichtete Willenserklärung an seinem gewöhnlichen Aufenthaltsort abgegeben hat.

2. Soweit nach diesen Regeln eine Rechtswahl zu beachten ist, bestimmt sich deren Wirksamkeit,

a) wenn die Parteien gemeinsam den Anschein einer Rechtswahl gesetzt haben, nach dem von ihnen in Aussicht genommenen Recht;

b) wenn keine gemeinsame Bezeichnung des anwendbaren Rechts vorliegt, nach dem sonst maßgebenden Recht des Hauptvertrages.

III.

Ist nach diesen Grundsätzen deutsches Recht anwendbar, so kommen die deutschen Regeln über Einbeziehung, Auslegung und Inhaltskontrolle von Haftungsausschlußklauseln zur Anwendung. Dabei macht es keinen Unterschied, ob es sich um deutsche oder englische Klauseln handelt.

Einen abweichenden Standpunkt vertritt der Bundesgerichtshof. Er geht davon aus, daß die Auslegung ausländischer Haftungsausschlußklauseln nicht revisibel[1] und ihre inhaltliche Kontrolle nur unter dem Gesichtspunkt des Art. 30 EGBGB möglich ist[2].

1. Die Revisibilität von ausländischen Freizeichnungsklauseln hat der Bundesgerichtshof mit dem Hinweis verneint, ausländische Klauseln wiesen das Gepräge einer ausländischen Rechtsordnung auf und seien daher gemäß § 549 Abs. 1 i. V. m. § 550 ZPO ebenso wie ausländisches Recht der Nachprüfung durch das Revisionsgericht entzogen. Die Qualifizierung ausländischer Haftungsausschlußklauseln als Rechtsnormen läßt sich als Nachwirkung der früher vom Reichsgericht und anfangs auch vom Bundesgerichtshof angenommenen Rechtsnormqualität allgemeiner Geschäftsbedingungen[3] begreifen. Diese Ansicht hat der Bundesgerichtshof jedoch später aufgegeben[4]. Anscheinend hat er aber noch nicht alle Konsequenzen aus dieser Änderung seiner Rechtsprechung gezogen. Das mag mit der Tatsache zusammenhängen, daß der Bundesgerichtshof die Meinung vertritt, die Auslegung von Vertragsbedingungen sei nicht revisibel[5]. Von dieser Regel macht er zugunsten von aGB, die in mehr als einem Oberlandesgerichtsbezirk zur Anwendung kommen, eine Ausnahme[6] mit der Begründung, aGB trügen nicht den Charakter spezieller vertraglicher Vereinbarungen, sondern den einer

---

[1] Vgl. BGH 3. 2. 1966, IPRspr. 1966 - 67 Nr. 1; BGH 21. 1. 1971, DB 1971/716; BGH 23. 2. 1967, VersR 1967/449, 450; BGH 29. 1. 1968, BGHZ 49/356, 362 f.; BGH 8. 2. 1968, WPM 1968/369, 370 unter II.

[2] Vgl. BGH 3. 2. 1966, IPRspr. 1966 - 67 Nr. 1.

[3] Vgl. RG 31. 1. 1941, DR 1941/1210, 1212; RG 13. 10. 1942, RGZ 170/233, 240 f.; BGH 19. 1. 1951, BGHZ 1/83, 85 f.

[4] Das ist inzwischen ständige Rechtsprechung des BGH, vgl. BGH 3. 2. 1953, BGHZ 9/1, 3; BGH 8. 3. 1955, BGHZ 17/1, 2.

[5] Vgl. BGH 18. 2. 1954, LM Nr. 5 zu § 550 ZPO; BGH 29. 9. 1954, LM Nr. 25 zu § 549 ZPO; BGH 5. 2. 1957, BGHZ 23/263, 278; BGH 9. 12. 1965, VersR 1965/129.

[6] Vgl. BGH 19. 1. 1951, BGHZ 1/83, 85; BGH 29. 10. 1956, BGHZ 22/109, 112 f.; BGH 25. 10. 1952, BGHZ 7/365, 368; BGH 17. 11. 1960, BGHZ 33/293, 296; BGH 20. 2. 1967, BGHZ 47/217, 220; BGH 12. 6. 1969, WPM 1969/1072.

Rechtsordnung[7]. Die Revisibilität deutscher aGB beruht also auf der unzutreffenden Konzeption, es handle sich bei ihnen um Quasi-Rechtsnormen (daher die Beschränkung auf solche Klauseln, die in mehreren OLG-Bezirken verwendet werden und folglich keine Quasi-Landesnormen sind)[8]. Für ausländische aGB hat das die unerfreuliche Konsequenz, daß sie als eine Art Auslandsnormen nicht revisibel sind.

Zunächst läßt sich schon die Richtigkeit der vom Bundesgerichtshof zur Frage der Revisibilität von rechtsgeschäftlichen Erklärungen vertretenen Meinung bezweifeln. Nach §§ 549, 550 ZPO kommt es für die Revisibilität entscheidend auf die Differenzierung zwischen Tat- und Rechtsfrage an[9]. Aus diesen Vorschriften ergibt sich „die Freiheit des Revisionsgericht in der Rechtsfrage im Gegensatz zu seiner Bindung an das Berufungsurteil in der Tatfrage"[10]. Bei der Auslegung von Rechtsgeschäften ist die Feststellung, ob und mit welchem Wortlaut eine Erklärung abgegeben worden ist, unzweifelhaft eine Tatfrage[11]. Dagegen ist die normative Auslegung, d. h. die Ermittlung der rechtlich maßgeblichen Bedeutung einer Willenserklärung, eine Rechtsfrage[12]. Infolgedessen müßte die Auslegung rechtsgeschäftlicher Erklärungen grundsätzlich revisibel sein[13].

Aber selbst wenn man mit dem Bundesgerichtshof davon ausgeht, daß die Ermittlung des Sinnes von rechtsgeschäftlichen Erklärungen Sache des Tatrichters und demzufolge in der Revisionsinstanz nicht nachprüfbar ist, rechtfertigt das nicht den Schluß, daß aGB nur revisibel sind, wenn man sie als Rechtsnormen qualifiziert[14].

Die hinsichtlich der Auslegung von Individualverträgen praktizierte Einschränkung der Nachprüfbarkeit beruht auf der Erwägung, daß die Trennung von Tat- und Rechtsfrage in den Fällen problematisch wird, in denen der Richter die festgestellten Tatsachen nicht nur auf ihre typische, sondern auf die ihnen gerade in diesem individuellen Fall zu-

---

7 Vgl. BGH 18. 11. 1952, BGHZ 8/55, 56; BGH 3. 2. 1966, WPM 1966/450.

8 So auch Schmidt-Salzer, Allgemeine Geschäftsbedingungen, Rdnr. 123, Fußn. 4.

9 Vgl. Larenz, Methodenlehre, S. 294 ff., 296.

10 Blomeyer, S. 566.

11 Vgl. Larenz, BGB AT, S. 297; Schmidt-Salzer, Geschäfts- und Versicherungsbedingungen, S. 218; Schmidt-Salzer, Allgemeine Geschäftsbedingungen, Rdnr. 122 f.

12 Vgl. Larenz, BGB AT, S. 297; Schmidt-Salzer, Geschäfts- und Versicherungsbedingungen, S. 218 f.; BGB-RGRK (Krüger-Nieland) Anm. 18 zu § 133; Raiser, Recht der AGB, S. 274.

13 Diese Ansicht vertreten Schmidt-Salzer, Geschäfts- und Versicherungsbedingungen, S. 219; Raiser, Recht der AGB, S. 274; Blomeyer, S. 568.

14 So aber Hildebrandt, Recht der aGB, S. 343; Emmerich, Problematik, S. 363.

kommende rechtliche Bedeutung hin beurteilen soll[15]. Hier erscheint es gerechtfertigt, dem Richter der Tatsacheninstanz einen gewissen Ermessensspielraum bei der Auslegung der rechtsgeschäftlichen Erklärungen einzuräumen, da er über die für diese Beurteilung erforderliche Sachnähe verfügt[16]. Auch läßt der Rechtsvereinheitlichungszweck der Revision eine Nachprüfung durch das Revisionsgericht hier insofern entbehrlich erscheinen, als es bei der Auslegung von Rechtsgeschäften in so hohem Maße auf individuelle Umstände des Einzelfalls ankommt, daß ihr keine allgemeinen, auch auf andere Fälle anwendbaren Maßstäbe entnommen werden können[17]. Diese Erwägungen treffen aber auf die Auslegung von aGB nicht zu. Bei aGB handelt es sich um generell formulierte Vertragsbedingungen, die der Klauselaufsteller allen seinen Geschäften zugrunde zu legen pflegt[18]. Der mit ihrer Verwendung verbundene Zweck, nämlich die gleichmäßige Abwicklung aller unter Zugrundelegung dieser Bedingungen geschlossener Verträge, läßt sich nur erreichen, wenn sie allen Kunden gegenüber gleichmäßig, d. h. ohne Berücksichtigung der konkreten Umstände des Einzelfalls, ausgelegt werden[19]. Bei der Auslegung von aGB geht es daher anders als bei Individualvereinbarungen um die Ermittlung eines generellen Sinngehalts[20]. Insofern läßt sich bei aGB eine Einschränkung der Nachprüfbarkeit weder mit der größeren Sachnähe des Tatrichters noch mit dem fehlenden Bedürfnis nach Rechtsvereinheitlichung begründen. Sie fallen daher nicht unter die für Individualvereinbarungen geltende Beschränkung der Revisibilität, sondern es bleibt hinsichtlich von aGB bei der gesetzlichen Regel, daß Rechtsfragen revisibel sind. Folglich bedarf es nicht des vom Bundesgerichtshof angewandten Kunstgriffs, aGB als Quasi-Normen zu qualifizieren, um auf diesem Wege zu dem gewünschten Ergebnis ihrer Revisibilität zu gelangen.

Die vom Bundesgerichtshof vertretene Auffassung, ausländische aGB — und damit auch Haftungsausschlußklauseln — wiesen das Gepräge einer ausländischen Rechtsordnung auf und seien aus diesem Grunde nicht revisibel, ist daher abzulehnen. Vielmehr läßt sich als Ergebnis festhalten, daß die Auslegung von Haftungsausschlußklauseln, unabhängig davon, ob es sich um deutsche oder ausländische Klauseln handelt, revisibel ist.

---

[15] Vgl. Larenz, BGB AT, S. 299, Fußn. 1; ders., Methodenlehre, S. 297.

[16] Vgl. Larenz, Methodenlehre, S. 297; ders., BGB AT, S. 293; vgl. ferner Henke, S. 294 ff.

[17] Vgl. Larenz, Methodenlehre, 2. Aufl., S. 251.

[18] Vgl. Larenz, BGB AT, S. 290 f.

[19] Larenz, BGB AT, S. 291.

[20] Vgl. Schlegelberger/Hefermehl, Rdnr. 92 zu § 346; Mroch, S. 17; BGH 29. 9. 1960, BGHZ 33/216, 218; BGH 16. 12. 1965, DB 1966/495 f.

2. Abzulehnen ist auch die Rechtsprechung des Bundesgerichtshofs zur inhaltlichen Kontrolle von ausländischen Haftungsausschlußklauseln. Eine solche Kontrolle nimmt das höchste Bundesgericht lediglich unter dem Gesichtspunkt des Art. 30 EGBGB[21] vor. Auch hinter dieser Rechtsprechung verbirgt sich die Ansicht, bei ausländischen aGB handele es sich um ausländische Rechtsnormen. Anders läßt sich ihre Überprüfung an Hand der Vorbehaltsklausel des Art. 30 EGBGB nicht verstehen; denn Art. 30 findet nach seinem Wortlaut nur auf ausländische Gesetze Anwendung.

Auch hier muß mit der Qualifikation der aGB als Vertragsbedingungen Ernst gemacht werden mit der Folge, daß sie an Hand der im deutschen Recht geltenden Regeln inhaltlich kontrolliert werden können.

IV.

Ist nach den oben entwickelten Grundsätzen englisches Recht Vertragsstatut, so erfolgt die Einbeziehung, Auslegung und Inhaltskontrolle von Haftungsausschlußklauseln nach englischem Recht. Auch hierbei darf es keine Rolle spielen, ob es sich um deutsche oder englische Klauseln handelt. Der deutsche Richter ist also z. B. verpflichtet, auch deutsche Klauseln an Hand der Lehre vom „fundamental breach of contract“ inhaltlich zu kontrollieren.

Bei Kaufverträgen ist allerdings eine Besonderheit des englischen Kaufrechts zu berücksichtigen. In diesen Verträgen findet eine Inhaltskontrolle von Haftungsausschlußklauseln nach dem Supply of Goods (Implied Terms) Act 1973 (S.G.A. 1973) statt. Nach s. 6 des Gesetzes sind jedoch die in dem S.G.A. 1973 enthaltenen zwingenden Vorschriften zum Schutz des Käufers in internationalen Verträgen abdingbar. Daher führt in diesem Fall die Anknüpfung des Vertrages an das Recht des Verbrauchers möglicherweise zu dessen Schlechterstellung. Dieses unerwünschte Ergebnis rechtfertigt jedoch keine Korrektur der Anknüpfung internationaler Verträge. Denn grundsätzlich entspricht es dem Interesse einer Person, nach ihrem eigenen Recht beurteilt zu werden, ganz gleich, ob es ihr im Einzelfall nützt oder schadet[22]. Die Anwendung ihres eigenen Rechts stellt schon deshalb eine Bevorzugung dieser Person dar, weil ihr dieses Recht vertraut ist und sie es am ehesten kennt. Dies ist, wie Neuhaus[23] bemerkt, nicht nur ein psychologischer, sondern auch ein substanzieller Vorteil (zwar nicht in jedem Einzelfall, aber in der Tendenz). Umgekehrt stellt es eine Belastung dar, sich nach fremdem Recht richten zu müssen, eine Belastung, die darin liegt, daß

21 Vgl. BGH 3. 2. 1966, IPRspr. 1966 - 67 Nr. 1.

22 Vgl. Kegel, Bankgeschäfte, S. 216.

23 Grundbegriffe, S. 109.

es der betreffenden Person obliegt, sich über das fremde Recht zu informieren und dessen Vorschriften gemäß zu verhalten[24]. Davon abgesehen beruht die mögliche Benachteiligung des Klauselunterworfenen in diesem Fall auf einer Entscheidung des englischen Gesetzgebers, der davon ausging, der Schutz des Kunden im internationalen Rechtsverkehr sei nicht so vordringlich, daß er zwingend angeordnet werden müßte. Das ergibt sich aus der Begründung der Law Commission für die Möglichkeit, die eigenen zwingenden Vorschriften bei internationalen Kaufgeschäften abzuändern[25]. Darin wird darauf hingewiesen, daß internationale Kaufverträge normalerweise zwischen Kaufleuten abgeschlossen würden, die nicht schutzbedürftig seien. Die internationalen Verbraucherkäufe hielt man offenbar für so selten, daß eine Schlechterstellung des Verbrauchers in diesen Fällen hingenommen werden konnte[26]. Es kann aber nicht Aufgabe des deutschen IPR sein, die vom englischen Gesetzgeber in Kauf genommene Benachteiligung des Verbrauchers in internationalen Kaufgeschäften aufzuheben.

---

[24] Vgl. v. Hoffmann, Annahme, S. 515.

[25] Law Commission No. 24, Exemption Clauses in Contracts. First Report: Amendments to the Sale of Goods Act 1893, S. 46.

[26] A. A. Arbeitsgruppe beim BMdJ, Erster Teilbericht, S. 96 f.

Literaturverzeichnis

Achenbach, Ernst: Der briefliche und telegraphische Vertrag im vergleichenden und internationalen Privatrecht, Leipzig 1934.

Achilles/Greiff: Bürgerliches Gesetzbuch, 21. Aufl., Berlin 1958
(zit.: *Achilles/Greiff*/Verfasser).

Anson/Guest: Principles of the English Law of Contract, 23. Aufl., Oxford 1969.

Atiyah, P. S.: The Law of Contract, Oxford 1961
(zit.: Atiyah, Contract).

Atiyah, P. S./*Treitel,* G. H.: Misrepresentation Act 1967, in: Mod. L. Rev. 1967 (30) S. 369 ff.

Auer, Eugen: Die richterliche Korrektur von Standardverträgen, Bern 1964.

Baker, J. H.: Suisse Atlantique Confounded? in: Mod. L. Rev. 1970 (33) S. 441 ff.

Barendt, Eric M.: Exemption Clauses: Incorporation and Interpretation, in: Mod. L. Rev. 35 (1972) S. 644 ff.

Baumbach/Duden: Handelsgesetzbuch, 21. Aufl., München 1974.

Bayer, Wilhelm F.: Auslegung und Ergänzung international vereinheitlichter Normen durch staatliche Gerichte, in: RabelsZ 20 (1955) S. 603 ff.

Beitzke, Günther: Grundgesetz und Internationalprivatrecht, Berlin 1961.

Benjamin (Hrsg. Guest): Sale of Goods, London 1974.

Benkard: Zur Geltung der Allgemeinen Deutschen Spediteurbedingungen, in: BB 1953, S. 782 ff.

BGB-RGRK: Das Bürgerliche Gesetzbuch, 11. Aufl., I. Band, 2. Teil, Berlin 1960
(zit.: BGB-RGRK (Verfasser)).

Biedenkopf, Kurt H.: Über das Verhältnis wirtschaftlicher Macht zum Privatrecht, in: Festschrift für Franz Böhm, Karlsruhe 1965, S. 113 ff.

Bindels: Die Wirksamkeit der Allgemeinen Deutschen Spediteur-Bedingungen (ADSp.), in: NJW 1955, S. 1132 ff.

Blomeyer, Arwed: Zivilprozeßrecht, Berlin Göttingen Heidelberg, 1963.

Brandner, Hans Erich: Allgemeine Geschäftsbedingungen, in: Duden, Külz, Ramm, Scharnberg, Zeidler (Hrsg.): Gerechtigkeit in der Industriegesellschaft, Karlsruhe 1972
(zit.: Brandner, Allgemeine Geschäftsbedingungen).

— Die Umstände des einzelnen Falles bei der Auslegung und Beurteilung von allgemeinen Geschäftsbedingungen, in: AcP 162, 237 ff.
(zit.: Brandner, Umstände).

Brownsword, Roger: Incorporating Exemption Clauses, in: Mod. L. Rev. 35 (1972) S. 179 ff.

Bydlinski, Franz: Privatautonomie und objektive Grundlagen des verpflichtenden Rechtsgeschäftes, Wien New York 1967.

Bundesminister der Justiz (Hrsg.): Arbeitsgruppe zur Verbesserung des Verbraucherschutzes gegenüber Allgemeinen Geschäftsbedingungen beim Bundesminister der Justiz, Vorschläge zur Verbesserung des Schutzes der Verbraucher gegenüber Allgemeinen Geschäftsbedingungen, Erster Teilbericht März 1974, Bonn 1974.

Caemmerer, Ernst v.: Die Haager Konferenz über die internationale Vereinheitlichung des Kaufrechts vom 2. bis 25. April 1964, in: RabelsZ 29 (1965) S. 101 ff.
(zit.: v. Caemmerer, Haager Konferenz).

— Rechtsvereinheitlichung und internationales Privatrecht, in: Probleme des europäischen Rechts, Festschrift für Walter Hallstein, Frankfurt a. M. 1966, S. 63 ff.
(zit.: v. Caemmerer, Rechtsvereinheitlichung).

Canaris, Claus-Wilhelm: Ansprüche wegen „positiver Vertragsverletzung" und „Schutzwirkung für Dritte" bei nichtigen Verträgen, in: JZ 1965, S. 475 ff.

Carr, Christopher: The Supply of Goods (Implied Terms) Act 1973, in: Mod. L. Rev. 1973 (36) S. 519 ff.

Charlesworth, Percy: On Negligence, 5. Aufl., London 1971.

Cheshire/Fifoot/Furmston: The Law of Contract, 8. Aufl., London 1972.

Chitty: The Law of Contracts, Volume I, General Principles, 23. Aufl., London 1968
(zit.: Chitty/Verfasser).

Clerk & Lindsell: On Torts, 13 Aufl., London 1969.

Coote, Brian: Exception Clauses, London 1964.

Lord Devlin: The Treatment of Breach of Contract, in: Camb. L. J. 1966, S. 192 ff.

Dicey/Morris: The Conflict of Laws, 8. Aufl., London 1967.

Diederichsen, Uwe: Der „Vertragsschluß" durch kaufmännisches Bestätigungsschreiben, in: JuS 1966, S. 129 ff.
(zit.: Diederichsen, Vertragsschluß).

— Die Industriegesellschaft als Herausforderung an das bürgerliche Recht, in: NJW 1975, S. 1801 ff.
(zit.: Diederichsen, Industriegesellschaft).

Dietlein, Max: Neue Rechtsmaßstäbe für Allgemeine Geschäftsbedingungen? in: NJW 1974, S. 969 ff.

Dölle, Hans: Internationales Privatrecht, 2. Aufl., Karlsruhe 1972
(zit.: Dölle, Lehrbuch).

— Die 7. Haager Konferenz, in: RabelsZ 17 (1952) S. 161 ff.
(zit.: Dölle, Haager Konferenz).

Dölle, Hans: Bemerkungen zu Art. 17 des Einheitsgesetzes über den internationalen Kauf beweglicher körperlicher Gegenstände, in: Festschrift für Hans G. Ficker, Frankfurt Berlin 1967, S. 138 ff.
(zit.: Dölle, Bemerkungen).

— Einheitliches Kaufgesetz und Internationales Privatrecht, in: RabelsZ 32 (1968) S. 438 ff.
(zit.: Dölle, Einheitliches Kaufgesetz).

Dreiss/v. Borries: Das Zustandekommen von Distanzverträgen Deutschland — USA, in: JuS 1967 S. 54 ff.

Egan, Bowes: Standard Contracts, in: J. B. L. 1968, S. 204 ff.

Ehrenzweig, Albert A.: Adhesion Contracts in the Conflict of Laws, in: Col. L. Rev. 1953, S. 1072 ff.
(zit.: Ehrenzweig, Adhesion Contracts).

— A Treatise on the Conflict of Laws, St. Paul, Minn. 1962
(zit.: Ehrenzweig, Treatise).

— Private International Law, Volume I, General Part, Leyden 1967
(zit.: Ehrenzweig, Private International Law).

Eisner, Frederick W.: Die Schriftformklausel in der Praxis, in: NJW 1969, S. 118 ff.

Eith, Wolfgang: Zum Schutzbedürfnis gegenüber Allgemeinen Geschäftsbedingungen, in: NJW 1974, S. 16 ff.

Emmerich, Volker: Das Wirtschaftsrecht der öffentlichen Unternehmen, Bad Homburg v. d. H., Berlin, Zürich 1969
(zit.: Emmerich, Wirtschaftsrecht).

— Die Problematik der Allgemeinen Geschäftsbedingungen, in: JuS 1972, S. 361 ff.
(zit.: Emmerich, Problematik).

Enneccerus/Nipperdey: Allgemeiner Teil des Bürgerlichen Rechts, Bd. I, zweiter Halbband, 15. Aufl., Tübingen 1960.

Erman: Handkommentar zum Bürgerlichen Gesetzbuch, Bd. I, 5. Aufl., Münster 1972
(zit.: Erman/Verfasser).

— Handkommentar zum Bürgerlichen Gesetzbuch, Bd. II, 6. Aufl., Münster 1975
(zit.: Erman/Verfasser).

Esser, Josef: Schuldrecht, Bd. I, Allgemeiner Teil, 4. Aufl., Karlsruhe 1970.

Evans, D. Marshall: Incorporation of Exemption Clauses in a Contract — Course of Dealing, in: Mod. L. Rev. 1964 (27) S. 354 ff.

Fairest, P. B.: Misrepresentation and the Act of 1967, in: Camb. L. J. 1967, S. 239 ff.

Ferid, Murad: Zum Abschluß von Auslandsverträgen. Eine internationalprivatrechtliche Untersuchung der vorkonsensualen Vertragselemente, Düsseldorf 1954
(zit.: Ferid, Abschluß von Auslandsverträgen).

— Die Allgemeinen Lieferbedingungen für den Export von Anlagegütern gemäß Empfehlung der ECE vom März 1953, Bielefeld 1954
(zit.: Ferid, Allgemeine Lieferbedingungen).

Ferid, Murad: Wechselbeziehungen zwischen Verfassungsrecht und Kollisionsnormen, in: Vom deutschen zum europäischen Recht, Festschrift für Hans Dölle, Bd. II, Tübingen 1963, S. 119 ff.
(zit.: Ferid, Wechselbeziehungen).

— Internationales Privatrecht, Berlin 1975
(zit.: Ferid, IPR).

Ficker, Hans G.: Bildung und materielle Gültigkeit des Vertrages, in: Schlegelberger (Hrsg.): Rechtsvergleichendes Handwörterbuch für das Zivil- und Handelsrecht des In- und Auslandes, Bd. IV, Berlin 1933, S. 383.

Fikentscher, Wolfgang: Schuldrecht, 4. Aufl., Berlin New York 1973
(zit.: Fikentscher, Schuldrecht).

— Arbeitsstatut, Prorogation und die zugehörigen Grenzen der Parteiautonomie, in: RdA 1969, S. 204 ff.
(zit.: Fikentscher, Arbeitsrecht).

Fleming, John G.: Law of Torts, Oxford 1968.

Flume, Werner: Allgemeiner Teil des Bürgerlichen Rechts, Zweiter Band: Das Rechtsgeschäft, 2. Aufl., Berlin Heidelberg New York 1975
(zit.: Flume, Rechtsgeschäft).

Gamillscheg, Franz: Rechtswahl, Schwerpunkt und mutmaßlicher Parteiwille im internationalen Vertragsrecht, in: AcP 157, S. 303 ff.

Giger, Hans: Geldleistung als vertragstypenbestimmender Faktor, in: Revolution der Technik Evolutionen des Rechts, Festgabe für Karl Oftinger, Zürich 1969, S. 63 ff.

Götz, Donald: Zum Schweigen im rechtsgeschäftlichen Verkehr, Bad Homburg v. d. H. Berlin Zürich 1968.

Götz/Huhn: Das kaufmännische Bestätigungsschreiben, Bad Homburg v. d. H. Berlin Zürich 1969.

Gower, L. C. B.: Exemption Clauses — Contractual and Tortious Liability, in: Mod. L. Rev. 17 (1954), S. 155 ff.

Graue, Eugen Dietrich: Die mangelfreie Lieferung beim Kauf beweglicher Sachen, Heidelberg 1964
(zit.: Graue, Mangelfreie Lieferung).

— Rück- und Weiterverweisung im internationalen Vertragsrecht, in: AWD 1968, S. 121 ff.
(zit.: Graue, Rück- und Weiterverweisung).

Graupner/Hampton: Current Legal Developments/Contract/United Kingdom, in: I. C. L. Q. 1973 (22) S. 576 ff.

Graveson/Cohn/Graveson: The Uniform Laws on International Sales Act 1967, London 1968.

Grunfeld, C.: Reform in the Law of Contract, in: Mod. L. Rev. 24 (1961) S. 62 ff.

Grunsky, Wolfgang: Neue Literatur und Rechtsprechung zum Recht der Allgemeinen Geschäftsbedingungen, in: JurA 1969, S. 88 ff.

Guest, A. G.: Fundamental Breach of Contract, in: L. Q. Rev. 77 (1961) S. 98 ff.

Gutzwiller, Max: Internationalprivatrecht, Berlin 1931.

Hanau, Peter: Objektive Elemente im Tatbestand der Willenserklärung, in: AcP 165 (1965) S. 220 ff.

Hartwieg, Oskar: Der Renvoi im deutschen Internationalen Vertragsrecht, Frankfurt/M. Berlin 1967
(zit.: Hartwieg, Renvoi).

— Culpa in contrahendo als Korrektiv für „ungerechte" Verträge, in JuS 1973, S. 733 ff.
(zit.: Hartwieg, Culpa in contrahendo).

Haudek, Wilhelm: Die Bedeutung des Parteiwillens im internationalen Privatrecht, Berlin 1931.

Haupt, Günter: Vertragsfreiheit und Gesetz, in: ZAKDR 1943, S. 84 ff.

Helm, Johann Georg: Die Ausdehnung des Schutzbereichs allgemeiner Geschäftsbedingungen auf die Haftung der Arbeitnehmer, in AcP 161, S. 516 ff.
(zit.: Helm, Ausdehnung).

— Private Norm und staatliches Recht beim Massenvertrag, in: JuS 1965, S. 121 ff.
(zit.: Helm, Private Norm).

Henke, Horst-Eberhard: Die Tatfrage, Berlin 1966.

Henrich, Dieter: Einführung in das englische Privatrecht, Darmstadt 1971
(zit.: Henrich, Einführung).

— Die Unterschrift unter einer nicht gelesenen Urkunde, in: RabelsZ 35 (1971) S. 55 ff.
(zit.: Henrich, Unterschrift).

Hepting, Reinhard: Die ADSp im internationalen Speditionsverkehr, in: AWD 1975, S. 457 ff.

Hildebrandt, Heinz: Das Recht der allgemeinen Geschäftsbedingungen, in: AcP 143, S. 326 ff.
(zit.: Hildebrandt: Recht der allgemeinen Geschäftsbedingungen).

Hildebrandt, Wolfgang: Zulässigkeit und Wirkung von Allgemeinen Geschäftsbedingungen, in: JR 1955, S. 325 ff.
(zit.: Hildebrandt, Zulässigkeit).

v. Hippel, Eike: Die Kontrolle der Vertragsfreiheit nach anglo-amerikanischem Recht, Frankfurt a. M. 1963
(zit.: v. Hippel, Kontrolle der Vertragsfreiheit).

— The Control of Exemption Clauses, A Comparative Study, in: I. C. L. Q. 1967 (16) S. 591 ff.
(zit.: v. Hippel, The Control of Exemption Clauses).

Hoffmann, Bernd v.: Zur Auslegung von Formularbedingungen des internationalen Handelsverkehrs, in: AWD 1970, S. 247 ff.
(zit.: v. Hoffmann, Auslegung).

— Internationale Handelsschiedsgerichtsbarkeit, Frankfurt a. M., Berlin 1970
(zit.: v. Hoffmann, Handelsschiedsgerichtsbarkeit).

— Vertragsannahme durch Schweigen im internationalen Schuldrecht, in: RabelsZ 36 (1972) S. 510 ff.
(zit.: v. Hoffmann, Annahme).

Hoffmann, Bernd v.: Über den Schutz des Schwächeren bei Internationalen Schuldverträgen, in: RabelsZ 38 (1974) S. 396 ff.
(zit.: v. Hoffmann, Schutz des Schwächeren).

Hoggett, A. J. C.: Changing a Bargain by Confirming it, in: Mod. L. Rev. 33 (1970) S. 518 ff.

Isele, Hellmut Georg: Grundprobleme der Allgemeinen Geschäftsbedingungen. in: JuS 1961, S. 308 ff.

Jaffey, A. J. E.: Offer and Acceptance and Related Questions in the English Conflict of Laws, in: J. C. L. Q. 24 (1975) S. 603 ff.

James, Philip S.: Introduction to English Law, 7. Aufl., London 1969.

Jayme, Erik: Die Familie im Recht der unerlaubten Handlungen, Frankfurt a. M. Berlin 1971
(zit.: Jayme, Familie).

— Sprachrisiko und Internationales Privatrecht beim Bankverkehr mit ausländischen Kunden, Festschrift für Johannes Bärmann, München 1975, S. 509 ff.
(zit.: Jayme, Sprachrisiko).

Jenkins, Dafydd: The Essence of the Contract, in: Camb. L. J. 27 (1969) S. 251 ff.

Kade, Theo: Richterliche Kontrolle von formularmäßigen Haftungsfreizeichnungen im englischen Recht, Bonn 1970.

Kegel, Gerhard: Die Bankgeschäfte im deutschen internationalen Privatrecht, in: Gedächtnisschrift für Rudolf Schmidt, Berlin 1966, S. 215 ff.
(zit.: Kegel, Bankgeschäfte).

— Internationales Privatrecht, 3. Aufl., München 1971
(zit.: Kegel, Lehrbuch).

Kötz, Hein: Welche gesetzgeberischen Maßnahmen empfehlen sich zum Schutze des Endverbrauchers gegenüber Allgemeinen Geschäftsbedingungen und Formularverträgen? Gutachten A zum 50. Deutschen Juristentag, München 1974.

Koppensteiner, Hans-Georg: Internationale Unternehmen im deutschen Gesellschaftsrecht, Frankfurt a. M. 1971.

Korak, Valentine: The Fair Trading Act 1973 and the Functions of the Director General, in: J. B. L. 1973, S. 305 ff.

Krause, Hermann: Schweigen im Rechtsverkehr, Marburg 1933
(zit.: Krause, Schweigen).

— Auftragsbestätigung und Allgemeine Geschäftsbedingungen, in: BB 1952, S. 996 ff.
(zit.: Krause, Auftragsbestätigung).

— Allgemeine Geschäftsbedingungen und das Prinzip des sozialen Rechtsstaates, in: BB 1955, S. 265 ff.
(zit.: Krause, Allgemeine Geschäftsbedingungen).

Kreuzer, Karl F.: Das internationale Privatrecht des Warenkaufs in der deutschen Rechtsprechung, Frankfurt/M Berlin 1964.

Kronstein, Heinrich: Das Recht der internationalen Kartelle, Berlin 1967.

Kropholler, Jan: Der „Ausschluß“ des Internationalen Privatrechts im Einheitlichen Kaufgesetz, in: RabelsZ 38 (1974) S. 371 ff.

Kühnel, Wolfgang: Haftung und Haftungsbefreiung im deutschen, englischen und amerikanischen Eisenbahnfrachtrecht, Kiel 1967.

Landfermann, Hans-Georg: Neues Recht für den internationalen Kauf, in: NJW 1974, S. 385 ff.

Lando, Ole: Consumers Contracts and Party Autonomy in the Conflict of Laws, in: Melange de droit comparé en l'honneur du doyen Ake Malmström, Acta Instituti Upsaliensis Jurisprudentiae Comparativae XIV, Stockholm 1972, S. 141 ff.
(zit.: Lando, Consumers Contracts).

— The EC Draft Convention on the Law Applicable to Contractual and Non-Contractual Obligations, in: RabelsZ 38 (1974) S. 6 ff.
(zit.: Lando, EC Draft Convention).

Larenz, Karl: Allgemeiner Teil des deutschen Bürgerlichen Rechts, 3. Aufl., München 1975
(zit.: Larenz, BGB AT).

— Lehrbuch des Schuldrechts, Bd. I, Allgemeiner Teil, 11. Aufl., München 1976
(zit.: Larenz, Schuldrecht AT).

— Methodenlehre der Rechtswissenschaft, 3. Aufl., Berlin, Heidelberg, New York 1975
(zit.: Larenz, Methodenlehre).

Legh-Jones/Pickering: Fundamental Breach: The Aftermath of Harbutt's "Plasticine", in: L. Q. Rev. 87 (1971) S. 515 ff.

Leibholz/Rinck: Grundgesetz, Köln 1966.

Lewald, Hans: Das deutsche Internationale Privatrecht, Leipzig 1931.

Lindacher, Walter F.: Richterliche Inhaltskontrolle Allgemeiner Geschäftsbedingungen und Schutzbedürftigkeit des Kunden, in: BB 1972, S. 296 ff.

Löwe, Walter: Der Schutz des Verbrauchers vor Allgemeinen Geschäftsbedingungen — Eine Aufgabe für den Gesetzgeber, in: Festschrift für Karl Larenz, München 1973, S. 373 ff.

Lorenz, Werner: Vertragsabschluß und Parteiwille im internationalen Obligationenrecht Englands, Heidelberg 1957
(zit.: Lorenz, Vertragsabschluß).

— Konsens-Probleme bei international-schuldrechtlichen Distanzverträgen, in: AcP 159, S. 193 ff.
(zit.: Lorenz, Konsensprobleme).

Lüderitz, Alexander: Auslegung von Rechtsgeschäften, Karlsruhe 1966.

Lukes, Rudolf: Grundprobleme der Allgemeinen Geschäftsbedingungen, in: JuS 1961, S. 301 ff.
(zit.: Lukes, Grundprobleme).

— § 315 BGB als Ausgangspunkt für die Inhaltskontrolle allgemeiner Geschäftsbedingungen, in: NJW 63, S. 1897 ff.
(zit.: Lukes, Inhaltskontrolle).

Manigk, Alfred: Irrtum und Auslegung, Berlin 1918.

Mann, Frederick A.: Die internationalrechtliche Parteiautonomie in der Rechtsprechung des Bundesgerichtshofs, in: JZ 1962, S. 6 ff.

Martin, Andrew: The British Position de lege ferenda, in: Hauss, Lando, Martin etc., Richterliche Kontrolle von Allgemeinen Geschäftsbedingungen, Frankfurt a. M., Berlin 1968, S. 44 ff.

Maunz/Dürig/Herzog: Grundgesetz, München 1973.

Mayer, Gerhard: Zur Parteiautonomie als Kollisionsnorm, in: NiemeyersZ 44 (1931) S. 103 ff.

Medicus, Dieter: Bürgerliches Recht, 6. Aufl., Köln, Berlin, Bonn, München 1973.

Meeske, Helmut: Die „Unterwerfung" unter Allgemeine Geschäftsbedingungen, in: BB 1959, S. 857 ff.

Meinhardt, Peter: Käuferschutz in England, in: AWD 1973, S. 486 f.

Melville, L. W.: The Core of a Contract, in: Mod. L. Rev. 1956 (19) S. 26 ff.

Mertens/Rehbinder: Internationales Kaufrecht, Frankfurt a. M. 1975.

Mertens, Hans-Joachim: Ausländisches Kartellrecht im deutschen Internationalen Privatrecht, in: RabelsZ 31 (1967) S. 385 ff.

v. Metzler, Kay: Englisches Vertragsrecht: Neuere Entwicklungen und wichtige Teilreform, in: AWD 1968, S. 252 ff.

Moser, Rudolf: Vertragsabschluß, Vertragsgültigkeit und Parteiwille im internationalen Obligationenrecht, St. Gallen 1948.

Mroch, Egbert: Zum Kampf gegen die unlauteren Geschäftsbedingungen, Karlsruhe 1960.

Neuhaus, Paul Heinrich: Die Grundbegriffe des internationalen Privatrechts, Berlin Tübingen 1962.

Neumann, Konrad: Vertragsgültigkeit und Parteiwille in Lehre und Rechtsprechung des internationalen Schuldrechts, Heidelberg 1930.

Neumayer, Karl Heinz: Zur positiven Funktion der kollisionsrechtlichen Vorbehaltsklausel, in: Festschrift für Hans Dölle, Bd. II, Tübingen 1963, S. 179 ff.
(zit.: Neumayer, Vorbehaltsklausel).

— Italien, in: Hauss, Lando, Martin etc., Richterliche Kontrolle von Allgemeinen Geschäftsbedingungen, Frankfurt a. M. 1968, S. 52 ff.
(zit.: Neumayer, Italien).

— Das niederländische Recht in der Abwehr des Mißbrauchs Allgemeiner Geschäftsbedingungen, in: RabelsZ 37 (1973) S. 719 ff.
(zit.: Neumayer, Niederländisches Recht).

Neuner, Robert: Die Beurteilung gegenseitiger Verträge nach dem Recht des Schuldners, in: ZauslR 2 (1928) S. 108 ff.

Nipperdey, Hans Carl: Faktische Vertragsverhältnisse? in: MDR 1957, S. 129 f.

Nussbaum, Arthur: Deutsches internationales Privatrecht, Tübingen 1932
(zit.: Nussbaum, Deutsches IPR).

— Grundzüge des Internationalen Privatrechts, München und Berlin 1952
(zit.: Nussbaum, Grundzüge).

Palandt: Bürgerliches Gesetzbuch, 33. Aufl., München 1974
(zit.: Palandt/Verfasser).

Prausnitz: The Standardization of Commercial Contracts in English and Continental Law, London 1937.

Raape, Leo: Die Rückverweisung im internationalen Schuldrecht, in: NJW 1959, S. 1013 ff.
(zit.: Raape, Rückverweisung).

— Internationales Privatrecht, 5. Aufl., Berlin und Frankfurt 1961
(zit.: Raape, Lehrbuch).

Rabel, Ernst: The Conflict of Laws, Volume Two, Second Edition, Ann Arbor 1960.

Raiser, Gottfried: Die gerichtliche Kontrolle von Formularbedingungen im amerikanischen und deutschen Recht, Karlsruhe 1966
(zit.: Raiser, Gerichtliche Kontrolle).

Raiser, Ludwig: Das Recht der allgemeinen Geschäftsbedingungen, Bad Homburg v. d. H. 1935
(zit.: Raiser, Recht der Allgemeinen Geschäftsbedingungen).

— Die richterliche Kontrolle von Allgemeinen Geschäftsbedingungen, in: Hauss, Lando, Martin etc., Richterliche Kontrolle von Allgemeinen Geschäftsbedingungen, Frankfurt a. M., Berlin 1968, S. 123 ff.
(zit.: Raiser, Richterliche Kontrolle).

— Die Zukunft des Privatrechts, Berlin, New York 1971
(zit.: Raiser, Zukunft des Privatrechts).

Rehbinder, Eckard: Zur Politisierung des Internationalen Privatrechts, in: JZ 1973, S. 151 ff.
(zit.: Rehbinder, Politisierung).

Rehbinder, Manfred: Allgemeine Geschäftsbedingungen, in: Rehbinder, Manfred (Hrsg.), Recht im sozialen Rechtsstaat, Opladen 1973, S. 107 ff.
(zit.: Rehbinder, Allgemeine Geschäftsbedingungen).

Reinicke, Dietrich: Rechtsfolgen formwidrig abgeschlossener Verträge, Bad Homburg v. d. H., Berlin, Zürich 1969.

Reithmann, Christoph: Internationales Vertragsrecht, 2. Aufl., Köln 1972
(zit.: Reithmann/Verfasser).

Reu, Fritz: Anwendung fremden Rechts, Berlin 1938.

Riese, Otto: Einheitliche Gerichtsbarkeit für vereinheitlichtes Recht? in: RabelsZ 26 (1961) S. 604 ff.
(zit.: Riese, Gerichtsbarkeit).

— Der Entwurf zur internationalen Vereinheitlichung des Kaufrechts, in: RabelsZ 22 (1957) S. 16 ff.
(zit.: Riese, Entwurf).

Säcker, Franz-Jürgen: Rechtsgeschäftsauslegung und Vertrauensprinzip, in: JurA 1971, S. 509 ff.

Sales, H. B.: Standard Form Contracts, in: Mod. L. Rev. 16 (1953) S. 318 ff.

Salmond/Heuston: Law of Torts, 14. Aufl., London 1965.

Sandrock, Otto: Zur ergänzenden Vertragsauslegung im materiellen und internationalen Schuldvertragsrecht, Köln und Opladen 1966.

Sayn-Wittgenstein-Berleburg, Stanislaus Prinz zu: Allgemeine Geschäftsbedingungen im englischen Recht, Eine rechtsvergleichende Untersuchung, Marburg 1969.

Schlegelberger/Hefermehl: Handelsgesetzbuch, 4. Aufl., Bd. III, Berlin u. Frankfurt/M 1965.

Schmidt-Salzer, Joachim: Das Recht der Allgemeinen Geschäfts- und Versicherungsbedingungen, Berlin 1967
(zit.: Schmidt-Salzer, Geschäfts- und Versicherungsbedingungen).

— Die „contracts d'adhésion" und die sogenannte Unterwerfung unter Allgemeine Geschäftsbedingungen, in: AcP 167, S. 504 ff.
(zit.: Schmidt-Salzer, Unterwerfung).

— Rechtsprobleme der Schriftformklauseln, in: NJW 1968, S. 1257 ff.
(zit.: Schmidt-Salzer, Rechtsprobleme).

— Allgemeine Geschäftsbedingungen, München 1971
(zit.: Schmidt-Salzer, Allgemeine Geschäftsbedingungen).

Schmitthoff, Clive M.: The Sale of Goods, 2. Aufl., London 1966
(zit.: Schmitthoff, Sale of Goods).

— Systemdenken und Fallrecht in der Entwicklung des englischen Privatrechts, in: JZ 1967, S. 1 ff.
(zit.: Schmitthoff, Systemdenken).

Schnitzer, Adolf F.: Handbuch des internationalen Privatrechts, Bd. I und II, 4. Aufl., Basel 1957
(zit.: Schnitzer, Handbuch).

— Die Zuordnung der Verträge im Internationalen Privatrecht, in: RabelsZ 33 (1969) S. 17 ff.
(zit.: Schnitzer, Zuordnung).

Schofield, P. J.: Exemption Clauses and the Supply of Goods, in: J. B. L. 1973, S. 352 ff.

Schricker, Gerhard: Gesetzesverletzung und Sittenverstoß, München 1970.

Schulze, Johannes: Das öffentliche Recht im internationalen Privatrecht, Frankfurt a. M. 1972.

Siehr, Kurt: Zum Vorentwurf eines EWG-Übereinkommens über das Internationale Schuldrecht, in: AWD 1973, S. 569 ff.

Silberberg, Harry: The Doctrine of Fundamental Breach Revisited, in: J. B. L. 1971, S. 197 ff.; 280 ff.

Simitis, Spiros: Aufgaben und Grenzen der Parteiautonomie im internationalen Vertragsrecht, in: JuS 1966, S. 209 ff.

Soergel/Siebert: Kommentar zum Bürgerlichen Gesetzbuch, Bd. I, Allgemeiner Teil, 10. Aufl., Stuttgart, Berlin, Köln, Mainz 1967; Bd. VII, Einführungsgesetz, 10. Aufl., Stuttgart, Berlin, Köln, Mainz 1970
(zit.: Soergel/Verfasser).

Stoll, Hans: Die Gültigkeit haftungsausschließender oder haftungsbeschränkender Klauseln nach deutschem Recht, in: Max-Planck-Institut für ausländisches und internationales Privatrecht Hamburg (Hrsg.): Deutsche zivil- und kollisionsrechtliche Beiträge zum IX. Internationalen Kongress für Rechtsvergleichung in Teheran 1974, Tübingen 1974, S. 1 ff.

Stumpf, Herbert: Einheitliches Gesetz über den internationalen Kauf beweglicher Sachen, in: AWD 1964, S. 305 ff.

Sutton/Shannon: On Contracts, 7. Aufl., London 1970.

Thamm, Manfred: Wirkung des Schweigens auf kaufmännische Auftragsbestätigungen hinsichtlich Geschäftsbedingungen, in: BB 1964, S. 910 f.

Thieme/Mitscherlich: Die Einbeziehung (incorporation) Allgemeiner Geschäftsbedingungen in den Vertrag nach englischem Recht, in: AWD 1974, S. 173 ff.

Tiling, Johann: Haftungsbefreiung, Haftungsbegrenzung und Freizeichnung im Einheitlichen Gesetz über den internationalen Kauf beweglicher Sachen, in: RabelsZ 32 (1968) S. 258 ff.

Toubiana, Annie: Le domaine de la loi du contrat en droit international privé, Paris 1972.

Treitel, G. H.: The Law of Contract, 4. Aufl., London 1975
(zit.: Treitel, Contract).

— Fundamental Breach, in: Mod. L. Rev. 1966 (29) S. 546 ff.
(zit.: Treitel, Fundamental Breach).

— Exclusion Clauses: Possible Reforms, in: J. B. L. 1967, S. 200 ff.
(zit.: Treitel, Possible Reforms).

— Exemption Clauses Again, in: Mod. L. Rev. 1969 (32) S. 685 ff.
(zit.: Treitel, Exemption Clauses Again).

Turpin, Colin: The Supply of Goods (Implied Terms) Act 1973, in: Camb. L. J. 1973, S. 203 ff.

Ulmer/Brandner/Hensen: Kommentar zum Gesetz zur Regelung des Rechts der Allgemeinen Geschäftsbedingungen, 2. Aufl., Köln 1977.

Umbricht, Robert P.: Die immanenten Schranken der Rechtswahl im internationalen Schuldvertragsrecht, Zürich 1963.

Vischer, Frank: Internationales Vertragsrecht, Bern 1962.

Wahl, Eduard: Das Zustandekommen von Schuldverträgen und ihre Anfechtung wegen Willensmangels, in: ZauslR 3 (1929) S. 775 ff.

Weber, Wilhelm: Die Allgemeinen Geschäftsbedingungen, Berlin 1967, Sonderausgabe aus Staudingers Kommentar zum Bürgerlichen Gesetzbuch, Bd. II, Teil 1 a, Recht der Schuldverhältnisse, 11. Aufl.
(zit.: Staudinger/Weber).

— Die höchstrichterliche Rechtsprechung zum Recht der Allgemeinen Geschäftsbedingungen, in: WPM 1968, Sonderbeilage Nr. 2 zu Teil IV Nr. 22 vom 1. Juni 1968
(zit.: Weber, Höchstrichterliche Rechtsprechung).

— Grundfragen zum Recht der Allgemeinen Geschäftsbedingungen II, in: DB 1970, S. 2417 ff.
(zit.: Weber, Grundfragen).

Wengler, Wilhelm: Die Anknüpfung des zwingenden Schuldrechts im internationalen Privatrecht, ZvglR 54 (1941) S. 168 ff.

Westphalen, Friedrich Graf von: Internationales Vertragsrecht, in: AWD 1972, S. 593 ff.

Wilson, John F.: Modern Problems of Consumer Protection in England, in: RabelsZ 28 (1964) S. 644 ff.
(zit.: Wilson, Consumer Protection).

— The British Position, in: Hauss, Lando, Martin etc., Richterliche Kontrolle von Allgemeinen Geschäftsbedingungen, Frankfurt a. M., Berlin 1968, S. 33 ff.
(zit.: Wilson, British Position).

Wolff, Martin: Das Internationale Privatrecht Deutschlands, 3. Aufl., Berlin, Göttingen, Heidelberg 1954.

Wright, Michael: Exclusion Clauses — Rationale and Effect, in: New L. J. 1972, S. 490 ff.

Wülfing, Gert: Die gerichtliche Kontrolle von Haftungsbeschränkungen in Standardverträgen im englischen und deutschen Recht, Hamburg 1970.

Yates, David: The Supply of Goods (Implied Terms) Act 1973, in: J. B. L. 1973, S. 135 ff.

Zunft: Anfechtbarkeit des Schweigens auf kaufmännisches Bestätigungsschreiben, in: NJW 1959, S. 276 f.

Zweigert/Drobnig: Einheitliches Kaufgesetz und Internationales Privatrecht, in: RabelsZ 29 (1965) S. 146 ff.

Zweigert/Kötz: Einführung in die Rechtsvergleichung, Bd. II, Institutionen, Tübingen 1969.

Kolibri 360 GmbH
Ferdinand-Jühlke-Straße 7
99095 Erfurt, Deutschland
produktsicherheit@kolibri360.de

Druck:
CPI Druckdienstleistungen GmbH
im Auftrag der
Kolibri 360 GmbH
Ferdinand-Jühlke-Str. 7
99095 Erfurt